本書の構成と内容

※記号：Nは名詞、Vは動詞、Aは形容詞

課	タイトル	学習項目	学習内容
	文字と発音編		
1	韓国語と文字	①系統と特徴 ②文字 ③文字の仕組み	・韓国語の文法的、語彙的特徴を理解する ・ハングルの文字の名称、由来、構成を理解する ・ハングルの組合せの仕組みを理解する
2	基本母音字	ㅏ ㅑ ㅓ ㅕ ㅗ ㅛ ㅜ ㅠ ㅡ ㅣ	・基本母音字の文字と発音を覚える ・短母音と二重母音、陽母音と陰母音を理解する
3	基本子音字(1)	ㄱ ㄴ ㄷ ㄹ ㅁ	・基本子音字の文字と発音を覚える
4	基本子音字(2)	ㅂ ㅅ ㅇ ㅈ ㅎ	
5	基本子音字(3)	ㅊ ㅋ ㅌ ㅍ	・基本子音字の文字と発音を覚える ・激音と平音の発音を比較して練習する
6	合成子音字	ㄲ ㄸ ㅃ ㅆ ㅉ	・合成子音字の文字と発音を覚える ・濃音と激音と平音の発音を比較して練習する
7	合成母音字	ㅐ ㅒ ㅔ ㅖ ㅘ ㅙ ㅚ ㅝ ㅞ ㅟ ㅢ	・合成母音字の文字と発音を覚える ・間違いやすい発音を比較して練習する
8	終声子音字	①1文字パッチム ②2文字パッチム	・パッチムの仕組み、終声規則を覚える ・1文字パッチムの発音の要領を覚える ・2文字パッチムの発音の要領を覚える
9	発音のルール	①連音化 ②激音化 ③鼻音化 ④濃音化	・パッチムの連音化要領を覚える ・平音「ㄱ,ㄷ,ㅂ,ㅈ」が激音化する要領を覚える ・よく使われる語尾「입니다/습니다」などが鼻音化する要領を覚える ・平音「ㄱ,ㄷ,ㅂ,ㅅ,ㅈ」が濃音化する要領を覚える
	文法と表現編		
10	저는 학생입니다.	①1인칭대명사 ②N+는/은 ③N+(이)라고 합니다 ④N+입니다、N+입니까? ⑤N+도	①1人称代名詞を覚える ②N+は：主題の助詞「는/은」の機能を覚える ③自己紹介の表現を練習する ④N+です/ですか：叙述、疑問の文を練習する ⑤N+も：列挙・追加の助詞「도」の機能を覚える
11	이것은 무엇입니까?	①이것,그것,저것,어느 것 ②N+이/가 아닙니다. ③N+의 ④이,그,저,어느	①指示代名詞「これ、それ、あれ」の機能を覚える ②N+ではありません：否定表現を練習する ③N+の：所有、関係の助詞「의」の機能を覚える ④指示語「この、その、あの」の機能を覚える
12	은행이 어디에 있습니까?	①여기,거기,저기,어디 ②N+가/이 ③있습니다/없습니다 ④N+에 ⑤N+와/과、N+하고	①指示代名詞「ここ、そこ、あそこ」の機能を覚える ②N+が：主格の助詞「가/이」の機能を覚える ③あります/ありません：存在の表現を覚える ④N+に：場所と位置関係の表現を練習する ⑤N+と：並列・羅列の助詞の機能を覚える
13	학교에서 무엇을 합니까?	①V+ㅂ니다/습니다 V+ㅂ니까/습니까 ②N+를/을 ③N+에서 ④V+지 않습니다.	①V+ます/ますか：語尾活用の仕組みを理解する 動詞の丁寧形の作り方と表現を練習する ②N+を：目的の助詞「를/을」の機能を覚える ③N+で：場所の助詞「에서」の機能を覚える ④V+ません：動詞の否定の表現を練習する
14	날씨가 어떻습니까?	①A+ㅂ니다/습니다 ②N+보다 ③무슨+N ④A+지 않습니다 / 안+A	①A+です：形容詞の丁寧形の表現を練習する ②N+より：比較の助詞「보다」の機能を覚える ③何の+N：疑問の連体詞の機能を覚える ④A+くないです：形容詞の否定の表現を練習する

課	タイトル	学習項目	学習内容
15	주말에 무엇을 합니까?	①N+에 ②V+(으)러 ③요일 ④V+고	①N+に(行く):助詞「에」の機能と表現を練習する ②V+に:目的を表す語尾と表現を練習する ③曜日と時間関係のことばを覚える ④V+て:語尾「고」の機能と表現を練習する
16	어디에 사십니까?	①V+(으)시+다 ②ㄹ脱落 ③N+에게	①尊敬形の作り方と敬語表現を覚える ②ㄹ(リウル)脱落の仕組みと活用を練習する ③N+に:対象の助詞「에게」の機能と表現を練習する
17	취미가 뭐예요?	①V/A+아요/어요/여요① ②안+ V/A ③N+예요/이에요	①V+ます/A+です:「해요体」の活用を練習する 格式体と非格式体の表現の違いを覚える ②V+ません/A+ないです:「안」否定形を練習する ③N+です:非格式体「예요/이에요」を練習する
18	생일이 언제예요?	①일,이,삼,사,오… ②년、월、일 ③단위명사①	①漢字語系の数詞を覚える ②年月日と電話番号の読み方を覚える ③漢字語系の数詞に接続する単位名詞を覚える
19	한 개에 얼마예요?	①하나,둘,셋,넷… ②단위명사② ③V+(으)세요①	①固有語系の数詞を覚える 年齢の言い方を練習する ②固有語系の数詞に接続する単位名詞を覚える ③V+てください:要求の表現を練習する
20	수업은 몇 시부터예요?	①시/분 ②N+부터 ③N+까시	①時/分:時間、時刻の読み方と表現を練習する ②N+から:起点の助詞「부터」の表現を練習する ③N+まで:限度、到着点の助詞「까지」を練習する
21	사진을 찍었어요	①V/A+았/었/였+다 ②N+였어요/이었어요 ③N+(으)로	①V+ました/ A +かったです:過去形の作り方を練習、過去形の表現を練習する ②N+でした:非格式体「였어요/이었어요」を練習する ③N+で:手段、方法、材料の助詞「(으)로」、方向の助詞「(으)로」の機能と表現を練習する
22	어디에 가세요?	①V+(으)세요② ②N+(이)세요 ③V+(으)셨어요 ④N+에서②	①V+(ら)れます、N+でいらっしゃる: 敬意の表現「(으)세요」、「(이)세요」を練習する ②V+(ら)れました: 過去の表現「(으)셨어요」を練習する ③N+で:起点の助詞「에서」の表現を練習する
23	어디서 만날까요?	①V+(으)ㄹ까요? ②V+ 아요/어요② V+(으)ㅂ시다 ③V/A+겠+어요 ④못+V	①V+ましょうか:提案の表現を練習する ②V+ましょう:勧誘の表現を練習する ③V/A+ます/でしょう:意志、推量の表現を練習する ④V+ません:否定形の表現を練習する
24	무엇을 하고 싶어요?	①V/A+지요(?) N+(이)지요(?) ②N+(이)요(?) ③으脱落 ④V+고 싶다/V+고 싶어하다	①V/A+ますよね/ですよね、 N+でしょう:同意、確認、説明の表現を練習する ②N+です(か):確認、説明の表現を練習する ③으(ウ)脱落の仕組みと活用を練習する ④V+たい 、V+たがる:希望、願望の表現を練習する
付録	ハングル検定関係資料	①発音規則 ②あいさつ・あいづちのことば(ハン検5級出題) ③助詞一覧(ハン検5級出題) ④主要語尾・慣用表現リスト(ハン検5級出題) ⑤主要連語リスト(ハン検5級出題) ⑥ハングル検定5級模擬テスト(筆記編) ⑦韓日単語リスト(ハン検5級出題)	

やさしく
仕組みがわかる

第2版

韓国語初級
講義ノート

ハン検5級対応

李昌圭 著

白帝社

音声ダウンロード

■ 本書の音声ファイル(MP3) を無料でダウンロードできます。

「白帝社　韓国語初級講義ノート」で検索、または下記サイトにアクセスしてください。

https://www.hakuteisha.co.jp/news/n33413.html

❶ 本文中の マークの箇所が音声ファイル(MP3)提供箇所です。

❷ ファイルはZIP型式で圧縮された形でダウンロードされます。

❸ ファイルは「すべて」と「各課」ごとに選んでダウンロードすることができます。

文字と単語練習

■ 本書はQuizletを用いて各課の文字と単語練習ができます。

「Quizlet」でアプリを検索、インストールしてご使用ください。

❶ Quizletのアプリ

❷ 各課のQuizlet単語カードリンク先一覧

❸ Quizletの使い方

まえがき

本書は大学などで初めて韓国語を学ぶ学習者を対象に、1年間週1コマの授業(週2コマの場合は1学期で対応)で使われることを想定して作られたテキストです。近年の大学の授業は到達目標の明確化と予習・復習時間の確保が厳格に求められています。本書はこのような状況と要望に応え、短い授業時間でありながらも明確な到達目標が設定、達成できるように、学習内容はハングル能力検定試験5級の出題範囲の文法と語彙を中心に構成しています。また、学習内容が確実に身につけられるように学習項目と連携した練習問題を見開きで提示し、十分な練習と予習・復習ができるようにしてあります。本書の主な構成と特長は次の通りです。

❶ 文字と発音がしっかり覚えられるように豊富な練習問題を提示

入門課程ではまずハングルの文字と発音をしっかり覚えることが大切です。「文字と発音」編は1課～9課で構成し、豊富なドリル練習問題が提示されています。十分な練習を通して文字と発音を確実に覚えてから「文法と表現編」に進められます。

❷ 学習項目はすべて練習問題と見開きでリンク

「文法と表現」編は10課～24課、各課6ページで構成されています。各課の学習項目と該当練習問題は見開きのページで配置してあるので説明と練習が連携でき、学習事項が効率的に覚えられます。

❸ 学習項目はその仕組みが分かりやすく表で示し、用例は実用的な対話形式で構成

学習項目は活用の仕組みが一目で理解できるように表で示し、用例は実用的な対話形式で構成されています。

❹ 文法と表現はハングル検定試験5級の文法と語彙に準拠

「文字と発音」の単語用例、「文法と表現」編の各課の学習項目と用例はすべてハングル検定試験5級出題範囲の文法と単語を用いて構成されています。学習課程を通して、到達目標としてのハングル検定5級の文法と語彙が自然に身につきます。また、巻末の付録編には検定試験準備に役立つように、ハングル検定5級出題の助詞、語尾、慣用表現、連語、挨拶の表現、語彙リストを資料として収録しています。さらに実際の試験問題の類型がわかるように5級の模擬テストも収録しています。

❺ 韓国語の正確な発音と学習項目の主要な表現の聞き取りの練習ができる

「発音と文字」編の用例、各課の「学習目標表現」、「文法と表現」の用例文、「ダイアローグ」の読みはすべて音声ファイル(MP3)に収録し、本書のHPから無料でダウンロードできます。韓国語の正確な発音と、学習項目の主要な表現の聞き取りの練習ができます。

❻ QRコードから各課の音声や単語練習に簡単にアクセスできる

各課にはQRコードが付されています。各課の音声やQuizletを用いた文字と単語練習、韓国文化がわかるサイトに簡単にアクセスできます。

外国語を覚えるには根気が要りますが、幸い韓国語は文法的に日本語と似ているところが多く、学びやすい言語です。根気よく続ければ韓国語は必ず話せるようになります。韓国語との出会いをきっかけに韓国の人々や文化に対する関心と理解がより深まることを願っています。

李　昌圭

目 次

● 文字と発音編

● 文法と表現編

資料

付録

やさしく仕組みがわかる

韓国語初級講義ノート

韓国地図

韓国地図
人口統計
社会統計
北朝鮮統計

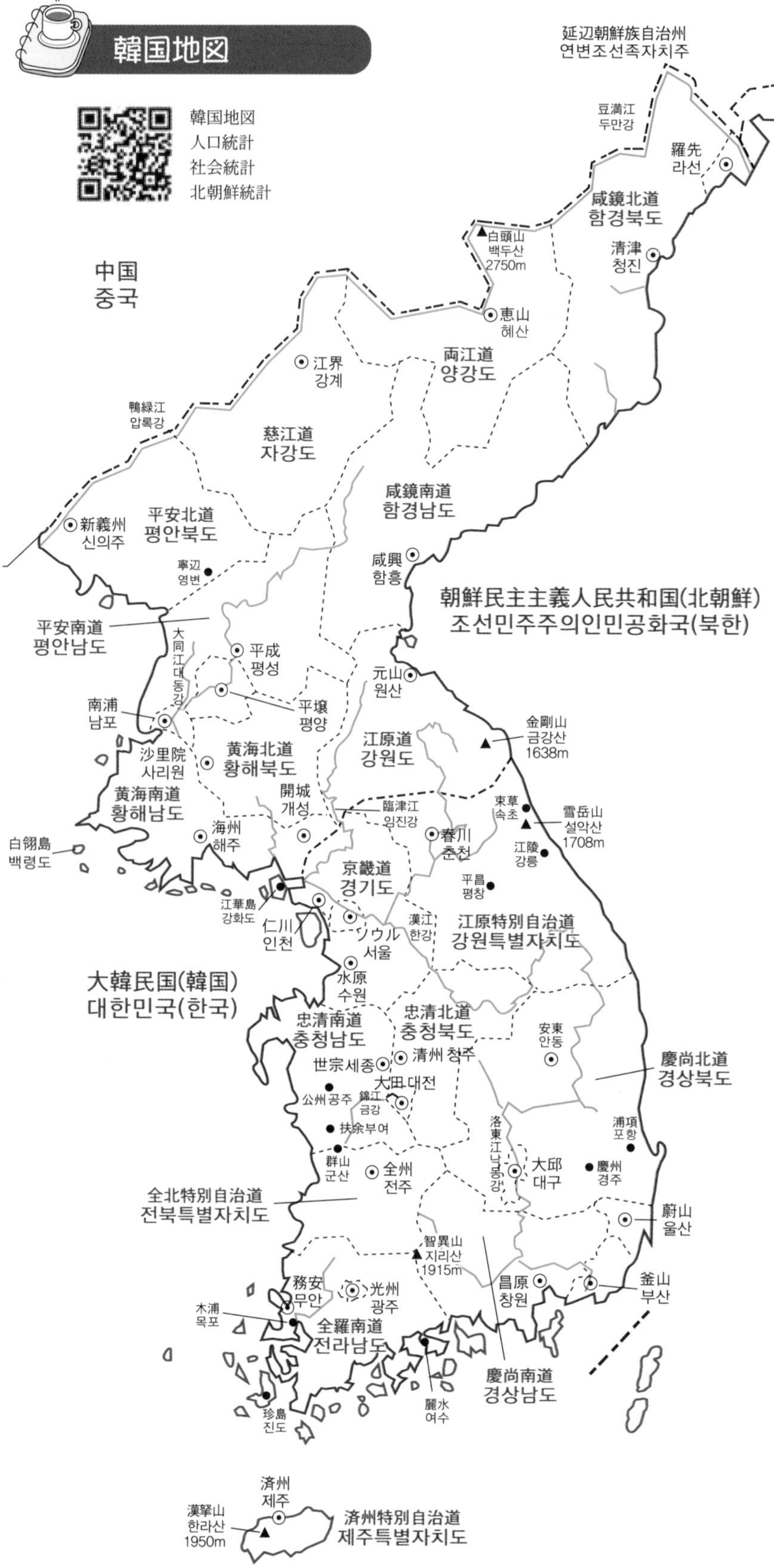

韓国基本情報

国旗：太極旗(태극기)

国歌：愛国歌(애국가)
国花：ムクゲ(무궁화)

人口
5140万人

首都
ソウル特別市
人口941万人

面積
約99,000km2

行政区分
1特別市、6広域市、6道、
3特別自治道、1特別自治市

政治体制
大統領制(直接選挙)、任期5年単任制。
国会は単院、小選挙区比例代表並立制、任期4年。

教育
6・3・3・4制。義務教育9年。
大学進学率は約73.3%

兵役
男子は19歳で徴兵検査、20歳で入隊、兵役期間約18ヶ月。

宗教(全人口比)
基督教(新旧計)約29%、仏教約23%

主要姓氏(全人口比)
김(金)：21%　이(李)：14%
박(朴)：8%　최(崔)：4%
정(鄭)：4%

あいさつのことば

01-2

1 안녕하세요《アンニョンハセヨ》?　안녕하십니까《アンニョンハシムニカ》?
こんにちは　こんにちは

안녕히《アンニョンイ》 가세요《カセヨ》.　안녕히《アンニョンイ》 계세요《ケセヨ》.
さようなら　さようなら
(先に去っていく人に)　(残っている人に)

2 안녕하세요《アンニョンハセヨ》? 야마다《ヤマダ》라고《ラゴ》 합니다《ハムニダ》.
こんにちは。 山田といいます。

(만나서《マンナソ》) 반갑습니다《パンガプスムニダ》. 이하영《イハヨン》 입니다《イムニダ》.
(お会いできて)うれしいです。 イハヨン です。

3 처음《チョウム》 뵙겠습니다《ペケッスムニダ》.　잘《チャル》 부탁합니다《プタカムニダ》.
はじめまして　よろしくお願いします。

또《ト》 만나요《マンナヨ》.　또《ト》 뵙겠습니다《ペケッスムニダ》.
また会いましょう。 またお目にかかります。

4 오래간만이에요《オレガンマニエヨ》　오래간만입니다《オレガンマニムニダ》.
久しぶりです。　久しぶりです。

실례합니다《シルレハムニダ》.　어서《オソ》 오십시오《オシプシヨ》.
失礼します。　いらっしゃいませ。

5 감사합니다《カムサハムニダ》.　천만에요《チョンマネヨ》.
ありがとうございます　どういたしまして

축하합니다《チュカハムニダ》.　고맙습니다《コマプスムニダ》.
おめでとうございます。 ありがとうございます。

6 미안합니다.《ミアナムニダ》 괜찮아요.《クェンチャナヨ》

すみません/ごめんなさい　大丈夫です

죄송합니다.《チュェソンハムニダ》 괜찮습니다.《クェンチャンスムニダ》

申し訳ありません　大丈夫です

7 잘《チャル》 먹겠습니다.《モケッスムニダ》 많이《マニ》 드세요.《トゥセヨ》

いただきます。　どうぞ召し上がってください。

맛있어요.《マシッソヨ》 잘《チャル》 먹었습니다.《モゴッスムニダ》

美味しいです。　ごちそうさまでした。

8 이름이《イルミ》 어떻게《オトケ》 되세요?《トェセヨ》

お名前は何といいますか。

나이가《ナイガ》 어떻게《オトケ》 되세요?《トェセヨ》

おいくつですか。

9 여보세요.《ヨボセヨ》 잠 깐 만《チャムカンマン》 기다리세요.《キダリセヨ》

もしもし。　ちょっと待ってください。

네,《ネ》 알겠습니다.《アルゲッスムニダ》 아뇨,《アニョ》 모르겠습니다.《モルゲッスムニダ》

はい、わかりました。　いいえ、わかりません。

10 그래요?《クレヨ》 그렇습니다.《クロスムニダ》

そうですか。　そうです。

어때요?《オッテヨ》 좋아요.《チョアヨ》/싫어요.《シロヨ》

どうですか。　いいです/いやです。

教室のことば

01-3

1 始め 終わり

① 출석을 부르겠습니다.
出席を取ります。

② 수업을 시작하겠습니다.
授業を始めます。

③ 수업을 마치겠습니다.
授業を終わります。

④ 오늘은 여기까지 하겠습니다.
今日はここまでにします。

2 聞く 発音する 読む 書く

① 잘 들어 보세요.
よく聞いてみてください。

② 따라하세요.
ついてやってください。

③ 발음해 보세요.
発音してみてください。

④ 같이 발음해 볼까요?
一緒に発音してみましょうか。

⑤ 읽어 보세요.
読んでみてください。

⑥ 써 보세요.
書いてみてください。

3 指示

① 다 같이.
みんなで一緒に。

② 다시 한번
もう一度

③ 큰 소리로
大きな声で

4 確認

① 알겠어요?
わかりますか。

② 네, 알겠습니다.
はい、わかりました。

③ 아뇨. 모르겠습니다.
いいえ、わかりません。

5 評価

① 좋아요.
いいですね。

② 잘 했어요.
よくできました。

③ 틀렸어요.
間違っています。

6 質問

① 질문이 있어요.
質問があります。

② 질문 있어요?
質問ありますか。

③ 네, 있어요.
はい、あります。

④ 아니요, 없어요.
いいえ、ありません。

学習参考用アプリ&サイト

辞書から検定試験、留学情報などに至るまで語学学習や韓国文化の理解に参考になる情報がインターネットやスマートフォンのアプリを通して手軽に入手できる時代になっている。好きなジャンルのアプリや学習サイトを検索、利用してより効率的に韓国語を学習するようにしよう。

1 韓国語辞書	
Naver 辞書	NAVERで提供している「韓日辞典」、「日韓辞典」の辞書アプリ。手書きでの入力機能もあり、手軽に韓日と日韓、両方での単語検索ができる。
Daum Dictionary 다음사전	Kakaoで提供している「韓日辞典」、「日韓辞典」の辞書アプリ。翻訳と単語帳機能も活用もできる。
2 韓国文化院	
駐日韓国文化院（東京・大阪）	各種講座とイベントの開催、様々な情報の発信を通して、韓国文化を幅広く紹介している。HPで各種イベント開催や施設利用などの最新情報が確認できる。文化院が設置されていない地域では「駐日韓国教育院」が文化院の機能を代行する。
3 韓国語検定試験	
ハングル能力検定試験	・日本語話者のための試験で、問題や問題の選択肢に日本語が含まれる。 ・試験は各級とも「筆記」と「聞き取り」に分けて実施される。
韓国語能力試験（TOPIK）	・世界の韓国語学習者を対象に各国で同日に実施される。 ・試験結果は、韓国での就職や留学などに幅広く活用される。 ・試験は「読解」と「聞き取り」、「作文」に分けて実施される。
4 韓国留学情報	
留学情報	・大学の留学・研修担当部署、または実績のある韓国留学斡旋会社や留学したい大学のHPなどを通じて、短期研修から長期留学までの情報を収集する。 ・韓国語コース開設の時期、期間、授業レベル、授業料、寄宿舎の有無、宿舎紹介の有無、交通の利便性など、本人の条件に合う学校を選ぶ。
ワーキングホリデー	・韓国とは1999年に協定が締結され、18歳以上25歳（事情によっては30歳）以下の青少年を対象に実施されている。 ・ワーキングホリデー（観光就労）ビザを取得するとアルバイトや観光などをしながら最大1年間自由に滞在することが認められる。
5 韓国のラジオアプリ	
KBS kong	KBS（韓国放送公社）が提供するラジオアプリ。5つのチャンネルが提供する音楽やニュースなどの番組が聴取できる。
SBS 고릴라	民間放送局SBS（ソウル放送）の公式ラジオアプリ。 「LOVE FM」、「POWER FM」、「ゴリララジオ」など3つのチャンネルの放送が聴取できる。
6 観光スポット	
Visit Korea : Official Guide	韓国の観光スポットやグルメ、宿泊施設、ショッピングやお祭りなど、さまざまな観光情報を提供して韓国の旅をサポートするアプリ。 公共交通機関情報、両替、緊急連絡先などの情報も提供している。
Subway Korea - 韓国地下鉄路線図	Android対応の韓国の地下鉄アプリ。地下鉄路線図や駅情報、運行情報など、地下鉄利用に必要な情報を提供。
コネスト韓国地図	韓国旅行に便利な日本語版の韓国地図アプリ。 日本語/韓国語の両方で検索可能。人気観光エリア、観光スポット情報なども提供。

※情報は変更される可能性があります。最新の情報はアプリ更新やネットでの検索で確認してください。

韓国語入力要領

❐ 入力環境の設定

iPhone		Home画面の「設定」➔ 設定画面の「一般」➔ 一般画面の「キーボード」➔ キーボード画面の「キーボード」➔「新しいキーボードを追加…」➔ 言語選択画面の「韓国語」➔ 入力方式は「標準」を選択 ➔「完了」の順にタップすると「キーボード」画面に「韓国語(標準)」が追加できる。
Android		① Galaxyシリーズのように韓国語のキーボードが入っている場合は、設定 ➔ 一般管理 ➔ 言語キーボード ➔ キーボードの選択画面の順にタップして韓国語のキーボードを選択する。 ② Android本体に韓国語キーボードが入っていない場合は、「Google Play」から「Gboard」をインストールして、①と同じ要領で韓国語のキーボードを追加する。
Windows	① デスクトップ画面左下のWindowsマークのスタートボタンか、デスクトップ画面右下の言語バーの「あ」、または「A」を右クリック ➔「設定」➔「時刻と言語」➔「言語と地域」➔ 優先する言語の「言語の追加」の順にクリックして韓国語を選択する。 ② デスクトップ画面右下の言語バーの「Ⓙ」マークをクリック ➔「韓国語」を選択して入力。もし「韓国語」の言語バーで文字が「A」になっている場合はクリックして「가」に変更して入力する。	

※機種別の最新設定情報はネットを利用して確認しよう。

❐ 韓国語キーボードの配列

韓国語のキーボードは、左側半分が子音字、右側半分が母音字の配列になっている。日本で発売されているパソコンも上記のWindowsでの韓国語設定のように韓国語を追加すれば下のキーボードの配列通りに入力することができる。「ハングル」表示がないキーボードは市販のハングルキーボード用シールやステッカーを貼ると簡単にハングル入力環境を整えることができる。

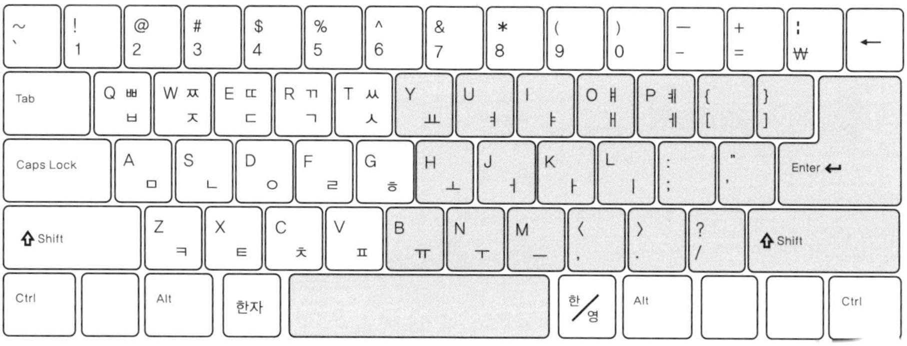

❐ 韓国語入力要領

1	▶ ハングルは、子音字＋母音字＋パッチムの順に入力する。 例 한국 음식： ㅎ➔ㅏ➔ㄴ➔ㄱ➔ㅜ➔ㄱ➔ SPACE ➔ㅇ➔ㅡ➔ㅁ➔ㅅ➔ㅣ➔ㄱ
2	▶ 合成子音字の入力は、Shiftキーを押して入力する。 例 ㄲ, ㄸ, ㅃ, ㅆ, ㅉ： Shiftキー＋ㄱ, ㄷ, ㅂ, ㅅ, ㅈ ➔ ㄲ, ㄸ, ㅃ, ㅆ, ㅉ
3	▶ 合成母音字の入力は基本母音字の組合せの順に入力する。 例 위, 왜, 웨, 의： ㅇ➔ㅜ➔ㅣ＝위, ㅇ➔ㅗ➔ㅐ＝왜, ㅇ➔ㅜ➔ㅔ＝웨, ㅇ➔ㅡ➔ㅣ＝의
4	▶ 合成母音字「ㅒ, ㅖ」は、Shiftキーを押して入力する。 例 얘, 예：ㅇ➔Shiftキー＋ㅐ＝얘, ㅇ➔Shiftキー＋ㅔ＝예
5	▶ 漢字変換：パソコンの場合は変換したい文字の後にカーソルを置いてキーボードの右の「Ctrl」キーを押して入力したい漢字を選択する。スマホの場合は日本語からの旧漢字変換で対応するかアプリショップから「한자 한글 키보드」など漢字対応のキーボードをインストールして使用する。

本書収録のQRコード情報

本書では、テキストの音声や文字と単語の練習ができるQuizlet、韓国の文化的な事項等にアクセスできるQRコードを各課に付している。以下は、各課と資料に付したQRコードに収録された情報項目を調べやすく目次化してまとめたものである。各課にはほかにテキスト音声と、単語練習のQuizletのリンク先が収録されているが、ここでは省略した。

❒ 資料収録QRコード情報

QRコード収録情報	ページ
韓国地図 人口統計 社会統計 北朝鮮統計	2
韓国語辞書	6
韓国文化院 愛国歌	
ハングル能力検定試験 韓国語能力試験 (TOPIK)	
韓国留学情報	
ワーホリ情報	
韓国のラジオアプリ	
韓国観光スポット ソウル旅行	
韓国語キーボードの設定 韓国語の入力方法 韓国語キーボードシール 韓国語キーボード	7
ハングル音節表	19

QRコード収録情報	ページ
数字ソング 童謡(頭・肩・膝・足の歌) あいさつソング	60
京畿アリラン 旌善・密陽・珍島アリラン 京畿民謡 南道民謡 サルプリ(舞)	160
誕生日祝いの歌 韓国の童謡 韓国の歌曲 韓国の歌謡 韓国ドラマ サントラ	
ソルラル(旧正月) トック(雑煮) ソルラルの歌(童謡) 旧正月の祭祀 ノルティギ(板跳び)	161

QRコード収録情報	ページ
燃燈(提灯)行列 韓国の仏像 バラチュム(踊り) 韓国のお寺 スンム(僧舞)	161
ソンピョン(餅) 秋夕の祭祀 カンガンスルレ(踊り) プンムルノリ(農楽) プチェチュム(花扇舞)	
クリスマスキャロル 子供の日の歌 父母の日の歌 卒業式の歌 ハングルの日の歌	
ユンノリのルール1 ユンノリのルール2 ユッの作り方 ソルチャングチュム(踊り)	

❒ 各課収録QRコード情報

課	QRコード収録情報	ページ
10	自己紹介 キャンパスツアー 大学祭	65
11	韓国の四季 韓国の自然 韓国の山	71
12	明洞 ソウル観光スポット 板門店	77
13	韓国料理 新大久保 モクパン	83
14	慶州 済州島 韓国伝統舞踊	89
15	仁川国際空港 交通カード(T-money) 地下鉄の乗り方	95
16	世界文化遺産 世界自然遺産 韓国民俗音楽	101
17	カヤグム コムンゴ パンソリ	107

課	QRコード収録情報	ページ
18	漢数詞の読み(1,2,3,4…) 漢数詞ソング(1,2,3,4…) 九九	115
19	固有数詞の読み(一つ、二つ、三つ…) 固有数詞ソング(一つ、二つ、三つ…) K-POP TOP100	121
20	チマチョゴリ 伝統韓服 アクセサリー	127
21	バスの乗り方 KTXの乗り方 釜山港国際ターミナ	133
22	チャング サムルノリ タルチュム	141
23	キムチ プルゴギ サムキョプサル	147
24	祭礼楽(宗廟) 大吹打演奏 農楽	153

※リンク先にアクセス出来ない場合は、上記の収録内容をキーワードに検索して調べてください。

文字と発音編

「文字と発音」編の用例の単語はすべてハングル検定5級の語彙リストのものを用いています。5級の語彙リストに用例に適した単語がない場合は一部4級レベルの語彙を利用し、「*」印をつけて区別しています。

제 1 과 韓国語と文字

1 系統と特徴

1. 系統

韓国語は典型的な膠着語です。母音調和があり、語頭に「r」音が来ないなどアルタイ諸語の共通の特徴をもっていることからアルタイ語族に属するものと見られています。

2. 特徴

(1) 文法的特徴

助詞や語尾の結合によって名詞と用言の役割が決められる膠着語としての特徴を持っており、敬語表現も非常に発達しています。

❶ 名詞に助詞が結合することによって名詞の役割が決められます。

나《ナ》	는《ヌン》	를《ルル》	도《ド》	와《ワ》	의《エ》	만《マン》	에게《エゲ》	보다《ポダ》
私	は	を	も	と	の	だけ	に	より

❷ 用言に語尾が結合することによって用言の役割が決められます。

가+다	가《カ》+ㅂ니다《ムニダ》	가《カ》+ㅂ니까《ムニカ》	가《カ》+고《ゴ》	가《カ》+면《ミョン》	가《カ》+자《ジャ》	가《カ》+ㄹ까《ルカ》
行く	行き+ます	行き+ますか	行っ+て	行け+ば	行こ+う	行こ+うか
싸+다	싸《サ》+ㅂ니다《ムニダ》	싸《サ》+ㅂ니까《ムニカ》	싸《サ》+니까《ニカ》	싸《サ》+면《ミョン》	싸《サ》+지만《ジマン》	싸《サ》+도《ド》
安い	安い+です	安い+ですか	安い+から	安けれ+ば	安い+が	安く+ても

❸ 用言は文末に、修飾語は被修飾語の前に来るなど語順が日本語と同じです。

바람《パラム》	이《イ》	시원하다《シウォナダ》
風	が	涼しい

차《チャ》	를《ルル》	마신다《マシンダ》
お茶	を	飲む

서울《ソウル》	에서《エソ》	찍은《チグン》	사진《サジン》
ソウル	で	撮った	写真

넓고《ノルコ》	푸른《プルン》	바다《パダ》
広くて	青い	海

❹ 敬語表現が発達しています。

가다《カタ》	가시다《カシダ》	먹다《モクタ》	잡 수시다《チャプスシダ》	말하다《マラダ》	말씀하시다《マルスムハシダ》
行く	行かれる	食べる	召し上がる	言う	おっしゃる

(2) 語彙的特徴：現在表記としての漢字はほとんど使われていませんが、名詞語の中には多くの漢字語が含まれています。日本語との共通の単語も多く、基本的に1語1音の読みなので韓国式の読み方がわかれば語彙力を伸ばすのに役に立ちます。

学：학
[ハㇰ]

➡

学校：학교[ハㇰキョ]
数学：수학[スハㇰ]
大学：대학[テハㇰ]
学問：학문[ハㇰムン]

歌：가
[カ]

➡

校歌：교가[キョガ]
歌手：가수[カス]
歌曲：가곡[カコㇰ]
国歌：국가[クㇰカ]

2 文字

1. 文字の名称

韓国語の文字は「ハングル」と言います。日本では「ハングル」が言語名として使われることもありますが、日本語を「カナ」、「カナ語」と言うのと同じで正しい使い方ではありません。

2. 文字の由来

❶「ハングル」は1443年に当時の朝鮮王朝4代目の国王「世宗《セジョン》」と「集賢殿」という研究所の学者らによって創られた文字です。当初は「訓民正音」の名で公布(1446年)されましたが、20世紀に入ってからは「ハングル」という名称で使われるようになりました。

❷「ハングル」の文字の形は、子音字は発音するときの舌の形、歯の形、喉の形など口の中の構造を模して作られ、母音字は天（・）、地（ㅡ）、人（ㅣ）を基本に作られたものです。発音が似ているものは文字の形も似るように工夫するなど科学的に創られています。

3. 文字の構成

ハングルは子音字と母音字で構成されています。母音字は基本母音字10文字、合成母音字11文字の計21文字、子音字は基本子音字14文字、合成子音字5文字の計19文字があります。

❶ 基本母音字(10文字)

ㅏ [a]	ㅓ [ə]	ㅗ [o]	ㅜ [u]	ㅡ [ɨ]
ㅑ [ja]	ㅕ [jə]	ㅛ [jo]	ㅠ [ju]	ㅣ [i]

❷ 合成母音字(11文字)

ㅐ [ɛ]	ㅔ [e]	ㅘ [wa]	ㅝ [wə]	ㅢ [ɨi]
ㅒ [jɛ]	ㅖ [je]	ㅙ [wɛ]	ㅞ [we]	
		ㅚ [ö]	ㅟ [wi]	

❸ 基本子音字(14文字)

ㄱ [k/g]	ㄴ [n]	ㄷ [t/d]	ㄹ [r/l]	ㅁ [m]	ㅂ [p/b]	ㅅ [s]
ㅇ [-/ŋ]	ㅈ [ʧ/ʤ]	ㅊ [ʧ^h]	ㅋ [k^h]	ㅌ [t^h]	ㅍ [p^h]	ㅎ [h]

❹ 合成子音字(5文字)

ㄲ [k']	ㄸ [t']	ㅃ [p']	ㅆ [s']	ㅉ [ʧ']

3 文字の仕組み

ハングルは子音字と母音字を組み合わせることによって1音節が表記できる仕組みの音素文字です。組み合わせ方は❶「子音字＋母音字」、❷「子音字＋母音字＋子音字」の二通りのパターンがあります。

❶ 子音字＋母音字

子音字		母音字		
ㄴ	＋	ㅏ	＝	나
[n]		[a]		[na]
ㅁ	＋	ㅜ	＝	무
[m]		[u]		[mu]

❷ 子音字＋母音字＋子音字

子音字		母音字		子音字		
ㅎ	＋	ㅏ	＋	ㄴ	＝	한
[h]		[a]		[n]		[han]
ㄱ	＋	ㅜ	＋	ㄱ	＝	국
[k]		[u]		[k]		[kuk]

「子音字＋母音字」の組み合わせの例 ①

「ㅏ, ㅑ, ㅓ, ㅕ, ㅣ」のように縦棒の長い「ㅣ」字系列の母音字は子音字の右側に書きます。

子音字＼母音字	ㅏ [a]	ㅑ [ja]	ㅓ [ə]	ㅕ [jə]	ㅣ [i]
ㄱ [k]	가	갸	거	겨	기
ㄴ [n]	나	냐	너	녀	니

「子音字＋母音字」の組み合わせの例 ②

「ㅗ, ㅛ, ㅜ, ㅠ, ㅡ」のように横棒の長い「ㅡ」字系列の母音字は子音字の下のほうに書きます。

子音字＼母音字	ㅗ [o]	ㅛ [jo]	ㅜ [u]	ㅠ [ju]	ㅡ [ɨ]
ㄱ [k]	고	교	구	규	그
ㄴ [n]	노	뇨	누	뉴	느

「子音字＋母音字＋子音字」の組み合わせの例

最後に来る子音字は上の「子音字＋母音字」の組み合わせの下半分のところに書きます。

子音＋母音字＼子音字	ㄱ [k]	ㄴ [n]	ㄷ [t]	ㄹ [l]	ㅁ [m]
가 [k＋a]	각	간	갇	갈	감
나 [n＋a]	낙	난	낟	날	남
다 [t＋a]	닥	단	닫	달	담

제2과 基本母音字

ハングルの母音字は、長い縦の棒は人(ㅣ)を、長い横の棒は地(ㅡ)を、縦横の短い棒は天(・)を象徴しています。母音字は基本母音字10文字と合成母音字11文字の21文字ありますが、ここではまず基本母音字10文字と発音を覚えます。

02-1

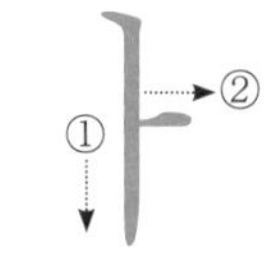	[a]	口を大きく開けて日本語の[ア]とほぼ同じく発音します。
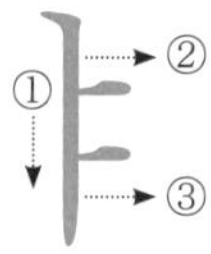	[ja]	口を大きく開けて日本語の[ヤ]とほぼ同じく発音します。
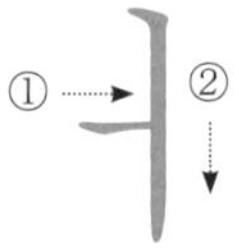	[ə]	口をやや小さく開けて舌を奥のほうに引いて発音します。 ※日本語の「オ」にならないように唇を丸く突き出さずに発音します。
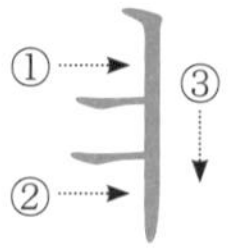	[jə]	口をやや小さく開けて舌を奥のほうに引きながら発音します。 ※日本語の「ヨ」にならないように唇を丸く突き出さずに発音します。
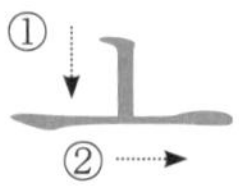	[o]	唇を丸くすぼめて突き出しながら[オ]と発音します。
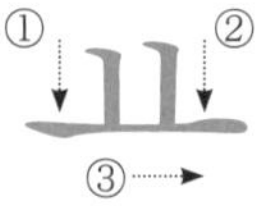	[jo]	唇を丸くすぼめて突き出しながら[ヨ]と発音します。
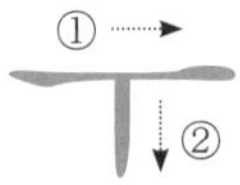	[u]	口を小さく開けて唇を突き出しながらやや強く[ウ]と発音します。

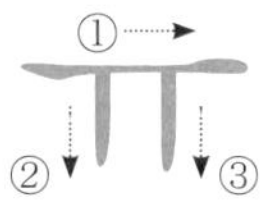	[ju]	口を小さく開けて唇を突き出しながら日本語の[ユ]と同じく発音します。
	[ɨ]	口を小さく開け、唇を横に引きながら軽く[ウ]と発音します。
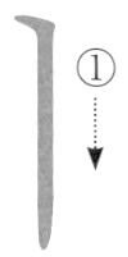	[i]	口を小さく開け、日本語の[イ]とほぼ同じく発音します。

❏ 母音の調音図

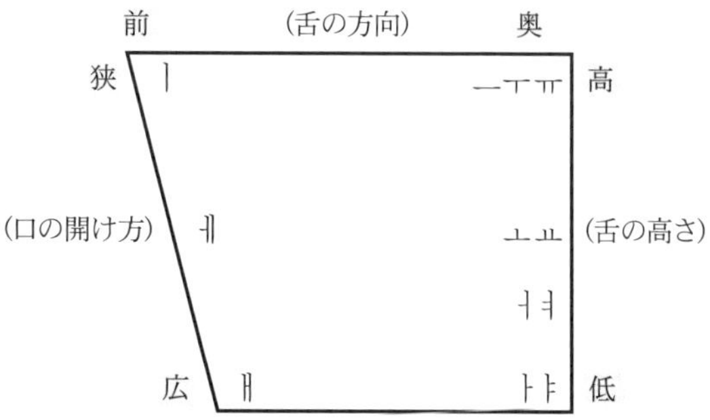

参考1　短母音と二重母音

韓国語の母音は、発音の仕方によって短母音と二重母音に分けられます。

❶ 短母音：発音の途中に唇の形や舌の位置が固定されて動かず、発音の最初と最後が変わらない。

ㅏ　ㅓ　ㅗ　ㅜ　ㅡ　ㅣ　ㅐ　ㅔ　(ㅚ　ㅟ)

❷ 二重母音：発音の途中に舌の位置が動かされて発音の最初と最後が変わる。

ㅑ　ㅕ　ㅛ　ㅠ　ㅒ　ㅖ　ㅘ　ㅙ　ㅝ　ㅞ　ㅢ

※「ㅚ, ㅟ」は短母音として発音するのが原則ですが、二重母音の[we], [wi]で発音されることも許容されています。

参考2　陽母音と陰母音

韓国語の母音は音の与える感じによって陽母音と陰母音に分けられます。用言と語尾が結合する際に重要な要素として関係します。

❶ 陽母音：音の感じが明るく高い。

ㅏ　ㅑ　ㅗ　ㅛ

❷ 陰母音：音の感じが暗く低い。用言の活用の上ではㅏ・ㅑ・ㅗ・ㅛ以外はすべて陰母音に属する。

ㅓ　ㅕ　ㅜ　ㅠ　ㅡ　ㅣ

文字と発音練習

1 発音しながらを書いてみよう。

ㅏ	[a]	ㅏ					
ㅑ	[ja]	ㅑ					
ㅓ	[ə]	ㅓ					
ㅕ	[jə]	ㅕ					
ㅗ	[o]	ㅗ					
ㅛ	[jo]	ㅛ					
ㅜ	[u]	ㅜ					
ㅠ	[ju]	ㅠ					
ㅡ	[ɨ]	ㅡ					
ㅣ	[i]	ㅣ					

文字と発音練習

2 発音しながらを書いてみよう。

아	[a]	아					
야	[ja]	야					
어	[ə]	어					
여	[jə]	여					
오	[o]	오					
요	[jo]	요					
우	[u]	우					
유	[ju]	유					
으	[ɨ]	으					
이	[i]	이					

文字と発音練習

3 間違いやすい発音の比較練習をしてみよう。

02-2

어	[ə]					
오	[o]					
여	[jə]					
요	[jo]					
우	[u]					
으	[ɨ]					

4 発音しながら書いてみよう。

02-3

아이	 子供	아이			
오이*	 キュウリ	오이			
우유	 牛乳	우유			
이유*	 理由	이유			
여우*	 キツネ	여우			

ハングル表

子音 母音	ㄱ k,g	ㄴ n	ㄷ t,d	ㄹ r,l	ㅁ m	ㅂ p,b	ㅅ s	ㅇ -,ŋ	ㅈ ʧ, ʤ	ㅊ ʧ^{h}	ㅋ k^{h}	ㅌ t^{h}	ㅍ p^{h}	ㅎ h
ㅏ a	가 ka	나 na	다 ta	라 ra	마 ma	바 pa	사 sa	아 a	자 ʧa	차 ʧ^{h}a	카 k^{h}a	타 t^{h}a	파 p^{h}a	하 ha
ㅑ ja	갸 kja	냐 nja	댜 tja	랴 rja	먀 mja	뱌 pja	샤 sja	야 ja	쟈 ʧa	챠 ʧ^{h}a	캬 k^{h}ja	탸 t^{h}ja	퍄 p^{h}ja	햐 hja
ㅓ ə	거 kə	너 nə	더 tə	러 rə	머 mə	버 pə	서 sə	어 ə	저 ʧə	처 ʧ^{h}ə	커 k^{h}ə	터 t^{h}ə	퍼 p^{h}ə	허 hə
ㅕ jə	겨 kjə	녀 njə	뎌 tjə	려 rjə	며 mjə	벼 pjə	셔 sjə	여 jə	져 ʧə	쳐 ʧ^{h}ə	켜 k^{h}jə	텨 t^{h}jə	펴 p^{h}jə	혀 hjə
ㅗ o	고 ko	노 no	도 to	로 ro	모 mo	보 po	소 so	오 o	조 ʧo	초 ʧ^{h}o	코 k^{h}o	토 t^{h}o	포 p^{h}o	호 ho
ㅛ jo	교 kjo	뇨 njo	됴 tjo	료 rjo	묘 mjo	뵤 pjo	쇼 sjo	요 jo	죠 ʧo	쵸 ʧ^{h}o	쿄 k^{h}jo	툐 t^{h}jo	표 p^{h}jo	효 hjo
ㅜ u	구 ku	누 nu	두 tu	루 ru	무 mu	부 pu	수 su	우 u	주 ʧu	추 ʧ^{h}u	쿠 k^{h}u	투 t^{h}u	푸 p^{h}u	후 hu
ㅠ ju	규 kju	뉴 nju	듀 tju	류 rju	뮤 mju	뷰 pju	슈 sju	유 ju	쥬 ʧu	츄 ʧ^{h}u	큐 k^{h}ju	튜 t^{h}ju	퓨 p^{h}ju	휴 hju
ㅡ ɨ	그 kɨ	느 nɨ	드 tɨ	르 rɨ	므 mɨ	브 pɨ	스 sɨ	으 ɨ	즈 ʧɨ	츠 ʧ^{h}ɨ	크 k^{h}ɨ	트 t^{h}ɨ	프 p^{h}ɨ	흐 hɨ
ㅣ i	기 ki	니 ni	디 ti	리 ri	미 mi	비 pi	시 si	이 i	지 ʧi	치 ʧ^{h}i	키 k^{h}i	티 t^{h}i	피 p^{h}i	히 hi

※ハングルの「子音字＋母音字」と「子音字＋母音字＋子音字」の組み合わせによって得られる文字の総数は11172字にのぼります。しかし、実際はそのすべてが使われるわけではなく、韓国で制定された文字コード(KSX1001)では2350字までの使用が認められています。

제3과 基本子音字(1) ㄱ ㄴ ㄷ ㄹ ㅁ

ハングルの子音字は基本子音字14文字と合成子音字5文字の１９文字で構成されています。ここではまず基本子音字14文字中「ㄱ, ㄴ, ㄷ, ㄹ, ㅁ」の発音と書き方を練習します。

ㄱ	ㄴ	ㄷ	ㄹ	ㅁ	ㅂ	ㅅ	ㅇ	ㅈ	ㅊ	ㅋ	ㅌ	ㅍ	ㅎ
[k]	[n]	[t]	[r]	[m]	[p]	[s]	[-]	[ʧ]	[ʧ^{h}]	[k^{h}]	[t^{h}]	[p^{h}]	[h]
가	나	다	라	마	바	사	아	자	차	카	타	파	하
[ka]	[na]	[ta]	[ra]	[ma]	[pa]	[sa]	[a]	[ʧa]	[ʧ^{h}a]	[k^{h}a]	[t^{h}a]	[p^{h}a]	[ha]

[k/g] 기역[キヨㇰ]
舌の付け根の部分と喉を使って発音します。

03-1

ㄱ+ㅏ	ㄱ+ㅑ	ㄱ+ㅓ	ㄱ+ㅕ	ㄱ+ㅗ	ㄱ+ㅛ	ㄱ+ㅜ	ㄱ+ㅠ	ㄱ+ㅡ	ㄱ+ㅣ
가	갸	거	겨	고	교	구	규	그	기
[k+a]	[kja]	[kə]	[kjə]	[ko]	[kjo]	[ku]	[kju]	[kɨ]	[ki]

※ 語頭では[k]、語中・語末では有声音化して[g]で発音されます。
거기[kəgi] そこ　고기[kogi] 肉　고교[kogjo] 高校

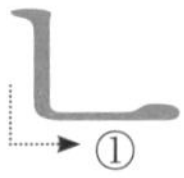

[n] 니은[ニウン]
舌先を上の歯の裏につけて発音します。
日本語のナ行の音とほぼ同じく発音します。

03-2

ㄴ+ㅏ	ㄴ+ㅑ	ㄴ+ㅓ	ㄴ+ㅕ	ㄴ+ㅗ	ㄴ+ㅛ	ㄴ+ㅜ	ㄴ+ㅠ	ㄴ+ㅡ	ㄴ+ㅣ
나	냐	너	녀	노	뇨	누	뉴	느	니
[n+a]	[nja]	[nə]	[njə]	[no]	[njo]	[nu]	[nju]	[nɨ]	[ni]

文字と発音練習

1 発音しながら書いて覚えよう。

子＼母	ㅏ	ㅑ	ㅓ	ㅕ	ㅗ	ㅛ	ㅜ	ㅠ	ㅡ	ㅣ
ㄱ	가	갸	거	겨	고	교	구	규	그	기
ㄴ	나	냐	너	녀	노	뇨	누	뉴	느	니

2 発音しながら書いてみよう。

03-3

거기	 そこ	거기			
고기	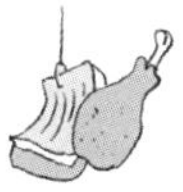 肉	고기			
나	 私、僕	나			
누구	 誰	누구			
나이	 歳、年齢	나이			
야구	 野球	야구			
누나	 姉	누나			
어느	 どの	어느			

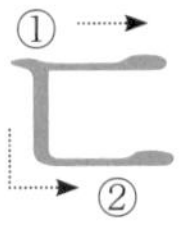

[t/d]　디귿[ティグッ]
舌先を上の歯茎にあてて、柔らかくはじいて発音します。

03-4

ㄷ+ㅏ	ㄷ+ㅑ	ㄷ+ㅓ	ㄷ+ㅕ	ㄷ+ㅗ	ㄷ+ㅛ	ㄷ+ㅜ	ㄷ+ㅠ	ㄷ+ㅡ	ㄷ+ㅣ
다	댜	더	뎌	도	됴	두	듀	드	디
[t+a]	[tja]	[tə]	[tjə]	[to]	[tjo]	[tu]	[tju]	[tɨ]	[ti]

※ 語頭では[t]、語中・語末では有声音化して[d]で発音されます。

다니다 [tanida] 通う　　구두 [kudu] くつ　　모두 [modu] すべて

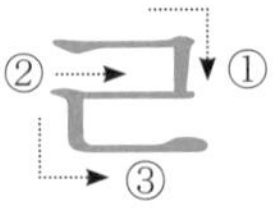

[r]　리을[リウル]
日本語のラ行の音とほぼ同じく発音します。

03-5

ㄹ+ㅏ	ㄹ+ㅑ	ㄹ+ㅓ	ㄹ+ㅕ	ㄹ+ㅗ	ㄹ+ㅛ	ㄹ+ㅜ	ㄹ+ㅠ	ㄹ+ㅡ	ㄹ+ㅣ
라	랴	러	려	로	료	루	류	르	리
[r+a]	[rja]	[rə]	[rjə]	[ro]	[rjo]	[ru]	[rju]	[rɨ]	[ri]

※ 韓国では「라」行の音は外来語と一部の姓の表記を除いて語頭で用いられることはありません。

머리 [məri] 頭　　드라마 [dɨrama] ドラマ　　라디오 [radio] ラジオ*

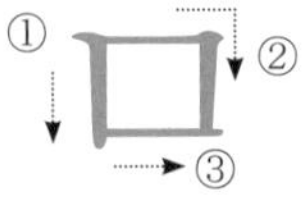

[m]　미음[ミウム]
日本語のマ行の音とほぼ同じく発音します。

03-6

ㅁ+ㅏ	ㅁ+ㅑ	ㅁ+ㅓ	ㅁ+ㅕ	ㅁ+ㅗ	ㅁ+ㅛ
마	먀	머	며	모	묘
[m+a]	[mja]	[mə]	[mjə]	[mo]	[mjo]

ㅁ+ㅜ	ㅁ+ㅠ	ㅁ+ㅡ	ㅁ+ㅣ
무	뮤	므	미
[mu]	[mju]	[mɨ]	[mi]

❑ 子音の調音図

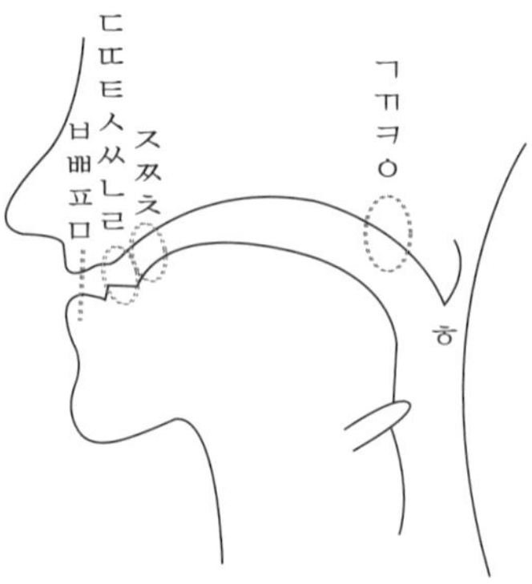

文字と発音練習

3 発音しながら書いて覚えよう。

子＼母	ㅏ	ㅑ	ㅓ	ㅕ	ㅗ	ㅛ	ㅜ	ㅠ	ㅡ	ㅣ
ㄷ	다	댜	더	뎌	도	됴	두	듀	드	디
ㄹ	라	랴	러	려	로	료	루	류	르	리
ㅁ	마	먀	머	며	모	묘	무	뮤	므	미

4 発音しながら書いてみよう。

03-7

구두	 くつ	구두			
다니다	 通う	다니다			
다리	 脚	다리			
머리	 頭	머리			
우리	 私達	우리			
나라	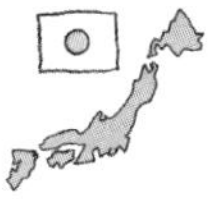 国	나라			

文字と発音練習

5 発音しながら書いてみよう。

03-8

나무	 木	나무			
어디	 どこ	어디			
라디오*	 ラジオ	라디오			
나가다	 出る	나가다			
모두	 全部、みな	모두			
모르다	 知らない	모르다			

6 発音記号をみてハングルを書いてみよう。

1	[tanida]		8	[ənɨ]		15	[məri]	
2	[modu]		9	[nugu]		16	[kudu]	
3	[radio]		10	[nuna]		17	[uri]	
4	[nagada]		11	[kada]		18	[ədi]	
5	[namu]		12	[naoda]		19	[nara]	
6	[nai]		13	[əməni]		20	[kogi]	
7	[tari]		14	[jagu]		21	[kəgi]	

文字と発音練習

7 基本子音字14文字を発音しながら書いてみよう。

03-9

ㄱ	가	[k+a]	가			
ㄴ	나	[n+a]	나			
ㄷ	다	[t+a]	다			
ㄹ	라	[r+a]	라			
ㅁ	마	[m+a]	마			
ㅂ	바	[p+a]	바			
ㅅ	사	[s+a]	사			
ㅇ	아	[-+a]	아			
ㅈ	자	[ʧ+a]	자			
ㅊ	차	[ʧ^{h}+a]	차			
ㅋ	카	[k^{h}+a]	카			
ㅌ	타	[t^{h}+a]	타			
ㅍ	파	[p^{h}+a]	파			
ㅎ	하	[h+a]	하			

基本子音字(2) ㅂ ㅅ ㅇ ㅈ ㅎ

ハングルの子音字は基本子音字14文字と合成子音字5文字の19文字で構成されています。ここでは基本子音字「ㅂ, ㅅ, ㅇ, ㅈ, ㅎ」発音と書き方を練習します。

ㄱ	ㄴ	ㄷ	ㄹ	ㅁ	ㅂ	ㅅ	ㅇ	ㅈ	ㅊ	ㅋ	ㅌ	ㅍ	ㅎ
[k]	[n]	[t]	[r]	[m]	[p]	[s]	[-]	[tʃ]	[tʃ^h]	[k^h]	[t^h]	[p^h]	[h]
가	나	다	라	마	바	사	아	자	차	카	타	파	하
[ka]	[na]	[ta]	[ra]	[ma]	[pa]	[sa]	[a]	[tʃa]	[tʃ^{h}a]	[k^{h}a]	[t^{h}a]	[p^{h}a]	[ha]

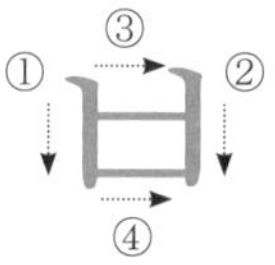

[p/b] 비읍[ピウㇷ゚]
上下の唇を使って空気をやわらかく破裂させて発音します。

04-1

ㅂ+ㅏ	ㅂ+ㅑ	ㅂ+ㅓ	ㅂ+ㅕ	ㅂ+ㅗ	ㅂ+ㅛ	ㅂ+ㅜ	ㅂ+ㅠ	ㅂ+ㅡ	ㅂ+ㅣ
바	뱌	버	벼	보	뵤	부	뷰	브	비
[p+a]	[pja]	[pə]	[pjə]	[po]	[pjo]	[pu]	[pju]	[pɨ]	[pi]

※ 語頭では[p]、語中、語末では有声音化されて[b]で発音します。
바다[pada] 海　두부[tubu] 豆腐*　부부[pubu] 夫婦*

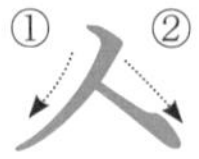

[s] 시옷[シオッ]
日本語のサ行の音とほぼ同じく発音します。

04-2

ㅅ+ㅏ	ㅅ+ㅑ	ㅅ+ㅓ	ㅅ+ㅕ	ㅅ+ㅗ	ㅅ+ㅛ	ㅅ+ㅜ	ㅅ+ㅠ	ㅅ+ㅡ	ㅅ+ㅣ
사	샤	서	셔	소	쇼	수	슈	스	시
[s+a]	[sja]	[sə]	[sjə]	[so]	[sjo]	[su]	[sju]	[sɨ]	[si]

文字と発音練習

1 発音しながら書いて覚えよう。

子＼母	ㅏ	ㅑ	ㅓ	ㅕ	ㅗ	ㅛ	ㅜ	ㅠ	ㅡ	ㅣ
ㅂ	바	뱌	버	벼	보	뵤	부	뷰	브	비
ㅅ	사	샤	서	셔	소	쇼	수	슈	스	시

2 発音しながら書いてみよう。

04-3

바다	 海	바다			
시디	 CD	시디			
비디오	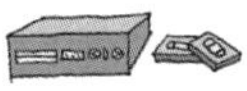 ビデオ	비디오			
마시다	 飲む	마시다			
소리	 声・音	소리			
사다	 買う	사다			
보다	 見る	보다			
버스	 バス	버스			

文字と発音

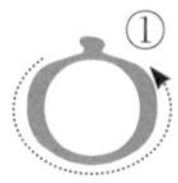

[-/ŋ]　이응［イウン］
初声では音価がありません。
終声として使われるときは鼻音の[ŋ]の音価を持ちます。

04-4

ㅇ+ㅏ	ㅇ+ㅑ	ㅇ+ㅓ	ㅇ+ㅕ	ㅇ+ㅗ	ㅇ+ㅛ	ㅇ+ㅜ	ㅇ+ㅠ	ㅇ+ㅡ	ㅇ+ㅣ
아	야	어	여	오	요	우	유	으	이
[-+a]	[ja]	[ə]	[jə]	[o]	[jo]	[u]	[ju]	[ɨ]	[i]

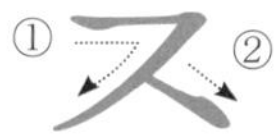

[ʧ/ʤ]　지읒［チウッ］
舌の平面を上あごの中央にあて、破擦して発音します。
ただ、쟈, 져, 죠, 쥬はそれぞれ자, 저, 조, 주と同じく発音します。

04-5

ㅈ+ㅏ	ㅈ+ㅑ	ㅈ+ㅓ	ㅈ+ㅕ	ㅈ+ㅗ	ㅈ+ㅛ	ㅈ+ㅜ	ㅈ+ㅠ	ㅈ+ㅡ	ㅈ+ㅣ
자	쟈	저	져	조	죠	주	쥬	즈	지
[ʧ+a]	[ʧa]	[ʧə]	[ʧə]	[ʧo]	[ʧo]	[ʧu]	[ʧu]	[ʧɨ]	[ʧi]

※ 語頭では[ʧ]、語中・語末では[ʤ]で発音されます。

자기 [ʧagi] 自分　　　여자 [jəʤa] 女子、女性　　　바지 [paʤi] ズボン

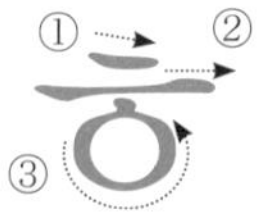

[h]　히읗［ヒウッ］
日本語のハ行の子音と同じく発音します。

04-6

ㅎ+ㅏ	ㅎ+ㅑ	ㅎ+ㅓ	ㅎ+ㅕ	ㅎ+ㅗ	ㅎ+ㅛ	ㅎ+ㅜ	ㅎ+ㅠ	ㅎ+ㅡ	ㅎ+ㅣ
하	햐	허	혀	호	효	후	휴	흐	히
[h+a]	[hja]	[hə]	[hjə]	[ho]	[hjo]	[hu]	[hju]	[hɨ]	[hi]

文字と発音練習

3 発音しながら書いて覚えよう。

母 / 子	ㅏ	ㅑ	ㅓ	ㅕ	ㅗ	ㅛ	ㅜ	ㅠ	ㅡ	ㅣ
ㅇ	아	야	어	여	오	요	우	유	으	이
ㅈ	자	쟈	저	져	조	죠	주	쥬	즈	지
ㅎ	하	햐	허	혀	호	효	후	휴	흐	히

4 発音しながら書いてみよう。

04-7

아버지	 お父さん	아버지			
요리	 料理	요리			
아이	 子供	아이			
이야기	 話	이야기			
자리	 席	자리			
자다	 寝る	자다			

文字と発音練習

5 発音しながら書いてみよう。

04-8

바지	 ズボン	바지			
여자	 女子	여자			
하나	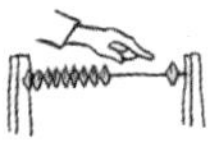 一つ	하나			
허리	 腰	허리			
하다	 する	하다			
오후	 午後	오후			

6 発音記号をみてハングルを書いてみよう。

1	[ʧagi]		8	[ʧari]		15	[jəʤa]	
2	[həri]		9	[nugu]		16	[sori]	
3	[jori]		10	[nuna]		17	[abəʤi]	
4	[sada]		11	[pada]		18	[bidio]	
5	[ohu]		12	[ijagi]		19	[əməni]	
6	[kudu]		13	[ənɨ]		20	[kogi]	
7	[aʤu]		14	[hana]		21	[məri]	

文字と発音練習

7 語中・語末で有声音化される「ㄱ・ㄷ・ㅂ・ㅈ」を発音しながら書いてみよう。

04-9

ㄱ [k/g]	고기	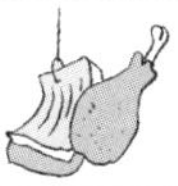 肉、魚			
	거기	 そこ			
	그리고	 そして			
ㄷ [t/d]	두다	 置く			
	구두	 くつ			
	어디	 どこ			
ㅂ [p/b]	바다	 海			
	보다	 見る			
	부부*	 夫婦			
ㅈ [ʧ/ʤ]	자기	 自分			
	여자	 女子			
	주다	 くれる			
	아주	 とても			
	바지	 ズボン			

제5과 基本子音字(3) ㅊ ㅋ ㅌ ㅍ

ハングルの子音字は基本子音字14文字と合成子音字5文字の19文字で構成されています。ここでは基本子音字14文字中、「ㅋ, ㅌ, ㅍ, ㅊ」の発音と書き方を練習します。この「ㅊ, ㅋ, ㅌ, ㅍ」の発音は強い息を伴って発音される破裂音で**激音**といいます。

ㄱ	ㄴ	ㄷ	ㄹ	ㅁ	ㅂ	ㅅ	ㅇ	ㅈ	ㅊ	ㅋ	ㅌ	ㅍ	ㅎ
[k]	[n]	[t]	[r]	[m]	[p]	[s]	[-]	[tʃ]	[tʃ^{h}]	[k^{h}]	[t^{h}]	[p^{h}]	[h]
가	나	다	라	마	바	사	아	자	차	카	타	파	하
[ka]	[na]	[ta]	[ra]	[ma]	[pa]	[sa]	[a]	[tʃa]	[tʃ^{h}a]	[k^{h}a]	[t^{h}a]	[p^{h}a]	[ha]

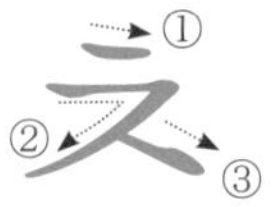

[tʃ^{h}] 치읓[チウッ]

[チャ、チュ、チョ]を強く息を吐き出すような要領で発音します。
ただ、챠, 쳐, 쵸, 츄は차, 처, 초, 추と同じく発音します。

05-1

ㅊ+ㅏ	ㅊ+ㅑ	ㅊ+ㅓ	ㅊ+ㅕ	ㅊ+ㅗ	ㅊ+ㅛ	ㅊ+ㅜ	ㅊ+ㅠ	ㅊ+ㅡ	ㅊ+ㅣ
차	챠	처	쳐	초	쵸	추	츄	츠	치
[tʃ^{h}+a]	[tʃ^{h}a]	[tʃ^{h}ə]	[tʃ^{h}ə]	[tʃ^{h}o]	[tʃ^{h}o]	[tʃ^{h}u]	[tʃ^{h}u]	[tʃ^{h}ɨ]	[tʃ^{h}i]

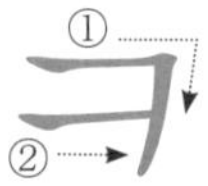

[k^{h}] 키읔[キウㇰ]

「カ行」の音を強く息を吐き出すような要領で発音します。

05-2

ㅋ+ㅏ	ㅋ+ㅑ	ㅋ+ㅓ	ㅋ+ㅕ	ㅋ+ㅗ	ㅋ+ㅛ	ㅋ+ㅜ	ㅋ+ㅠ	ㅋ+ㅡ	ㅋ+ㅣ
카	캬	커	켜	코	쿄	쿠	큐	크	키
[k^{h}+a]	[k^{h}ja]	[k^{h}ə]	[k^{h}jə]	[k^{h}o]	[k^{h}jo]	[k^{h}u]	[k^{h}ju]	[k^{h}ɨ]	[k^{h}i]

文字と発音練習

1 発音しながら書いて覚えよう。

子＼母	ㅏ	ㅑ	ㅓ	ㅕ	ㅗ	ㅛ	ㅜ	ㅠ	ㅡ	ㅣ
ㅊ	차	챠	처	쳐	초	쵸	추	츄	츠	치
ㅋ	카	캬	커	켜	코	쿄	쿠	큐	크	키

2 発音しながら書いてみよう。

05-3

치마	 スカート	치마			
고추	 唐辛子	고추			
기차	 汽車・列車	기차			
차다	 冷たい	차다			
코	 鼻	코			
크다	 大さい	크다			
키	 身長	키			
저기	 あそこ	저기			

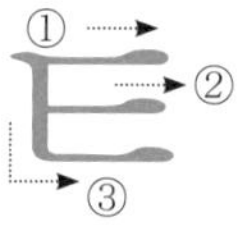

[t^h]　티읕［ティウッ］
「タ行」の音を強く息を吐き出すような要領で発音します。

05-4

ㅌ+ㅏ	ㅌ+ㅑ	ㅌ+ㅓ	ㅌ+ㅕ	ㅌ+ㅗ	ㅌ+ㅛ	ㅌ+ㅜ	ㅌ+ㅠ	ㅌ+ㅡ	ㅌ+ㅣ
타	탸	터	텨	토	툐	투	튜	트	티
[t^h+a]	[t^hja]	[t^hə]	[t^hjə]	[t^ho]	[t^hjo]	[t^hu]	[t^hju]	[t^hɨ]	[t^hi]

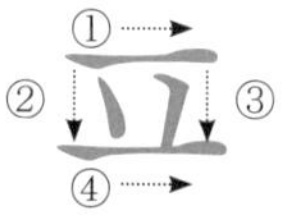

[p^h]　피읖［ピウプ］
日本語の「パ行」の音を強く息を吐き出すような要領で発音します。

05-5

ㅍ+ㅏ	ㅍ+ㅑ	ㅍ+ㅓ	ㅍ+ㅕ	ㅍ+ㅗ	ㅍ+ㅛ	ㅍ+ㅜ	ㅍ+ㅠ	ㅍ+ㅡ	ㅍ+ㅣ
파	퍄	퍼	펴	포	표	푸	퓨	프	피
[p^h+a]	[p^hja]	[p^hə]	[p^hjə]	[p^ho]	[p^hjo]	[p^hu]	[p^hju]	[p^hɨ]	[p^hi]

参考　平音と激音の比較

05-6

平音	가	다	바	자
	[ka]	[ta]	[pa]	[ʧa]
激音	카	타	파	차
	[k^ha]	[t^ha]	[p^ha]	[$ʧ^h$a]

☞ 平音：「無気音」で喉頭を緊張させず、息を伴わないで発音する。
激音：「有気音」で息を強く伴って発音する。

文字と発音練習

3 発音しながら書いて覚えよう。

子＼母	ㅏ	ㅑ	ㅓ	ㅕ	ㅗ	ㅛ	ㅜ	ㅠ	ㅡ	ㅣ
ㅌ	타	탸	터	텨	토	툐	투	튜	트	티
ㅍ	파	퍄	퍼	펴	포	표	푸	퓨	프	피

4 激音と平音を比較して発音してみよう。

가		다		바		자	
카		타		파		차	

5 発音しながら書いてみよう。

05-7

우표	 切手	우표			
커피	 コーヒー	커피			
아프다	 痛い	아프다			
타다	 乗る	타다			
아파트	 マンション	아파트			

文字と発音練習

6 発音しながら書いてみよう。

05-8

노트	 ノート	노트			
고프다	 (腹が)空いている	고프다			
표	 チケット	표			
스포츠	 スポーツ	스포츠			
티브이	 TV	티브이			
시키다	 注文する	시키다			

7 発音記号をみてハングルを書いてみよう。

1	[tʃʰima]		8	[kitʃʰa]		15	[kʰəpʰi]	
2	[apʰatʰɨ]		9	[upʰjo]		16	[sɨpʰotʃʰɨ]	
3	[tʰada]		10	[apʰɨda]		17	[kopʰɨda]	
4	[sikʰida]		11	[notʰɨ]		18	[kotʃʰu]	
5	[tʃʰada]		12	[pʰodo]		19	[həri]	
6	[tʃəgi]		13	[ədi]		20	[kogi]	
7	[adʒu]		14	[pada]		21	[jəgi]	

文字と発音練習

8 基本子音字14文字を発音しながら書いてみよう。

ㄱ	가	[k + a]	가			
ㄴ	나	[n + a]	나			
ㄷ	다	[t + a]	다			
ㄹ	라	[r + a]	라			
ㅁ	마	[m + a]	마			
ㅂ	바	[p + a]	바			
ㅅ	사	[s + a]	사			
ㅇ	아	[- + a]	아			
ㅈ	자	[ʧ + a]	자			
ㅊ	차	[$ʧ^{h}$ + a]	차			
ㅋ	카	[k^{h} + a]	카			
ㅌ	타	[t^{h} + a]	타			
ㅍ	파	[p^{h} + a]	파			
ㅎ	하	[h + a]	하			

合成子音字　ㄲ ㄸ ㅃ ㅆ ㅉ

合成子音字は「ㄲ，ㄸ，ㅃ，ㅆ，ㅉ」の5文字があります。基本子音字「ㄱ，ㄷ，ㅂ，ㅅ，ㅈ」をそれぞれ二つずつ並べて書きます。発音は喉を緊張させて、息をほとんど出さずに発音するのが特徴で濃音といいます。

❏ 平音・激音・濃音の発音比較

06-1

平音	가	다	바	사	자
	[ka]	[ta]	[pa]	[sa]	[ʧa]
激音	카	타	파	—	차
	[k^{h}a]	[t^{h}a]	[p^{h}a]		[ʧ^{h}a]
濃音	까	따	빠	싸	짜
	[k’a]	[t’a]	[p’a]	[s’a]	[ʧ’a]

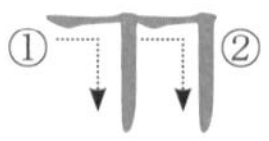

[k’]　쌍기역［サンギヨㇰ］
促音を伴った「ッカ、ッキ、ック、ッケ、ッコ」の要領で息をほとんど出さずに発音します。

06-2

ㄲ+ㅏ	ㄲ+ㅑ	ㄲ+ㅓ	ㄲ+ㅕ	ㄲ+ㅗ	ㄲ+ㅛ	ㄲ+ㅜ	ㄲ+ㅠ	ㄲ+ㅡ	ㄲ+ㅣ
까	꺄	꺼	껴	꼬	꾜	꾸	뀨	끄	끼
[k’+a]	[k’ja]	[k’ə]	[k’jə]	[k’o]	[k’jo]	[k’u]	[k’ju]	[k’ɨ]	[k’i]

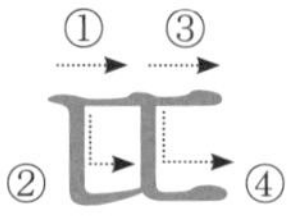

[t’]　쌍디귿［サンディグッ］
促音を伴った「ッタ、ット」の要領で発音します。

06-3

ㄸ+ㅏ	ㄸ+ㅑ	ㄸ+ㅓ	ㄸ+ㅕ	ㄸ+ㅗ	ㄸ+ㅛ	ㄸ+ㅜ	ㄸ+ㅠ	ㄸ+ㅡ	ㄸ+ㅣ
따	땨	떠	뗘	또	뚀	뚜	뜌	뜨	띠
[t’+a]	[t’ja]	[t’ə]	[t’jə]	[t’o]	[t’jo]	[t’u]	[t’ju]	[t’ɨ]	[t’i]

文字と発音練習

1 平音・激音・濃音を比較して発音してみよう。

가		다		바		사		자	
카		타		파				차	
까		따		빠		싸		짜	

2 発音しながら書いて覚えよう。

母 / 子	ㅏ	ㅑ	ㅓ	ㅕ	ㅗ	ㅛ	ㅜ	ㅠ	ㅡ	ㅣ
ㄲ	까	꺄	꺼	껴	꼬	꾜	꾸	뀨	끄	끼
ㄸ	따	땨	떠	뗘	또	뚀	뚜	뜌	뜨	띠

3 発音しながら書いてみよう。

06-4

까지	 まで	까지			
또	 また	또			
토끼*	 うさぎ	토끼			
코끼리*	 象	코끼리			
까치	 カササギ	까치			

文字と発音

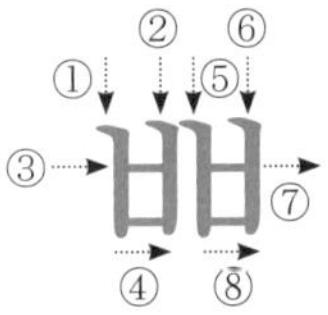

[p’] 쌍비읍[サンビウプ]
促音を伴った「ッパ、ッピ、ップ、ッペ、ッポ」の要領で発音します。

06-5

ㅃ＋ㅏ	ㅃ＋ㅑ	ㅃ＋ㅓ	ㅃ＋ㅕ	ㅃ＋ㅗ	ㅃ＋ㅛ	ㅃ＋ㅜ	ㅃ＋ㅠ	ㅃ＋ㅡ	ㅃ＋ㅣ
빠	뺘	뻐	뼈	뽀	뾰	뿌	쀼	쁘	삐
[p’＋a]	[p’ja]	[p’ə]	[p’jə]	[p’o]	[p’jo]	[p’u]	[p’ju]	[p’ɨ]	[p’i]

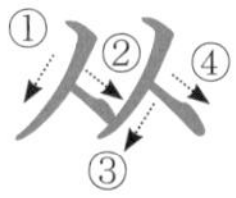

[s’] 쌍시옷[サンシオッ]
促音を伴った「ッサ、ッシ、ッス、ッセ、ッソ」の要領で発音します。

06-6

ㅆ＋ㅏ	ㅆ＋ㅑ	ㅆ＋ㅓ	ㅆ＋ㅕ	ㅆ＋ㅗ	ㅆ＋ㅛ	ㅆ＋ㅜ	ㅆ＋ㅠ	ㅆ＋ㅡ	ㅆ＋ㅣ
싸	쌰	써	쎠	쏘	쑈	쑤	쓔	쓰	씨
[s’＋a]	[s’ja]	[s’ə]	[s’jə]	[s’o]	[s’jo]	[s’u]	[s’ju]	[s’ɨ]	[s’i]

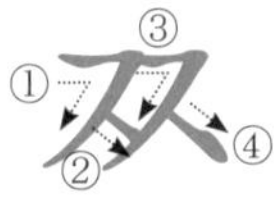

[ʧ’] 쌍지읒[サンジウッ]
促音を伴った「ッチャ、ッチ、ッツ、ッチェ、ッチョ」の要領で発音します。
ただ、쨔, 쪄, 쬬, 쮸はそれぞれ짜, 쩌, 쪼, 쭈と同じく発音します。

06-7

ㅉ＋ㅏ	ㅉ＋ㅑ	ㅉ＋ㅓ	ㅉ＋ㅕ	ㅉ＋ㅗ	ㅉ＋ㅛ	ㅉ＋ㅜ	ㅉ＋ㅠ	ㅉ＋ㅡ	ㅉ＋ㅣ
짜	쨔	쩌	쪄	쪼	쬬	쭈	쮸	쯔	찌
[ʧ’＋a]	[ʧ’a]	[ʧ’ə]	[ʧ’ə]	[ʧ’o]	[ʧ’o]	[ʧ’u]	[ʧ’u]	[ʧ’ɨ]	[ʧ’i]

参考 調音位置と方法による子音の分類

調音方法 / 調音位置		閉鎖音	摩擦音	破擦音	鼻音	流音
両唇音	呼気が上下の唇に触れて調音される。	ㅂ, ㅃ, ㅍ			ㅁ	
舌端音	舌端の前部と上の歯茎および歯の間で調音される。	ㄷ, ㅌ, ㄸ	ㅅ, ㅆ		ㄴ	ㄹ
硬口蓋音	前舌面と硬口蓋の間で調音される。			ㅈ, ㅊ, ㅉ		
軟口蓋音	奥舌面と軟口蓋との間で調音される。	ㄱ, ㅋ, ㄲ				
声門音	左右両声帯の間で調音される。		ㅎ			

文字と発音練習

4 発音しながら書いてみよう。

母 / 子	ㅏ	ㅑ	ㅓ	ㅕ	ㅗ	ㅛ	ㅜ	ㅠ	ㅡ	ㅣ
ㅃ	빠	뺘	뻐	뼈	뽀	뾰	뿌	쀼	쁘	삐
ㅆ	싸	쌰	써	쎠	쏘	쑈	쑤	쓔	쓰	씨
ㅉ	짜	쨔	쩌	쪄	쪼	쬬	쭈	쮸	쯔	찌

5 発音しながら書いてみよう。

06-8

오빠	 お兄さん	오빠			
나쁘다	 悪い	나쁘다			
아저씨	 おじさん	아저씨			
비싸다	 (値段が)高い	비싸다			
쓰다	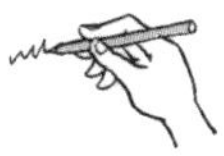 書く	쓰다			
짜다*	 塩辛い	짜다			

文字と発音練習

6 発音記号をみてハングルを書いてみよう。

1	[pis'ada]		**8**	[kotʃ^{h}u]		**15**	[s'ada]	
2	[nap'ɨda]		**9**	[op'a]		**16**	[tʃ^{h}ima]	
3	[adʒəs'i]		**10**	[kɨrigo]		**17**	[up^{h}jo]	
4	[s'ɨda]		**11**	[həri]		**18**	[tʃəgi]	
5	[k'adʒi]		**12**	[ap^{h}ɨda]		**19**	[k^{h}əp^{h}i]	
6	[ap^{h}at^{h}ɨ]		**13**	[pap'ɨda]		**20**	[k^{h}ok'iri]	
7	[tʃ'ada]		**14**	[abədʒi]		**21**	[t^{h}ok'i]	

7 次は日本語をハングルで表記したものである。読んでみよう。

1	니이가타		**8**	야마가타		**15**	후쿠오카	
2	오오사카		**9**	나가노		**16**	미야자키	
3	토우쿄우		**10**	토야마		**17**	쿄우토	
4	후쿠시마		**11**	토치기		**18**	나고야	
5	카고시마		**12**	이바라키		**19**	히로시마	
6	미야기		**13**	요코하마		**20**	나가사키	
7	아키타		**14**	시즈오카		**21**	야마나시	

文字と発音練習

8 次は日本語をハングルで表記したものである。読んでみよう。

1	라쿠다		**16**	마구로		**31**	니라	
2	우시		**17**	우나기		**32**	하쿠사이	
3	타누키		**18**	아나고		**33**	야마이모	
4	시마우마		**19**	사바		**34**	카보차	
5	카모시카		**20**	아지		**35**	쇼우가	
6	부타		**21**	후구		**36**	모야시	
7	히츠지		**22**	토비우오		**37**	큐우리	
8	우사기		**23**	사요리		**38**	토우가라시	
9	히구마		**24**	타이		**39**	고마	
10	토나카이		**25**	나마즈		**40**	고보우	
11	코아라		**26**	타코		**41**	코마츠나	
12	수이규우		**27**	이카		**42**	사츠마이모	
13	무사사비		**28**	야도카리		**43**	토우모로코시	
14	리수자루		**29**	아유		**44**	수이카	
15	코우모리		**30**	쿠지라		**45**	부도우	

☞ ここでは便宜上語頭での「カ行」は「ㅋ」で、「ガ行」は「ㄱ」で、「タ行」の「タ、テ、ト」は「타,테,토」で、「ダ行」の「ダ、デ、ド」は「다,데,도」、文中での「つ」は「츠」で表記する。

제7과 合成母音字

合成母音字は基本母音字を二つ、または三つを組み合わせて創られたもので、全部で11文字あります。

❑ 合成母音字11文字

07-1

ㅏ+ㅣ	ㅑ+ㅣ	ㅓ+ㅣ	ㅕ+ㅣ	ㅗ+ㅏ	ㅗ+ㅐ	ㅗ+ㅣ	ㅜ+ㅓ	ㅜ+ㅔ	ㅜ+ㅣ	ㅡ+ㅣ
ㅐ	ㅒ	ㅔ	ㅖ	ㅘ	ㅙ	ㅚ	ㅝ	ㅞ	ㅟ	ㅢ
[ɛ]	[jɛ]	[e]	[je]	[wa]	[wɛ]	[ö]	[wə]	[we]	[wi]	[ɨi]
애	얘	에	예	와	왜	외	워	웨	위	의

07-2

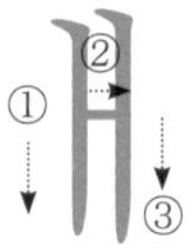

[ɛ] [ㅏ+ㅣ=ㅐ]
日本語の「エ」より口をやや大きく開け、下唇を横に引きながら発音します。

개 [kɛ] 犬　　노래 [norɛ] 歌　　배우다 [pɛuda] 学ぶ

07-3

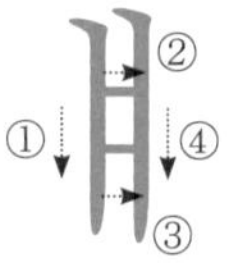

[jɛ] [ㅑ+ㅣ=ㅒ]
이と애を続けて速く発音します。

애 [jɛ] この子*　　애기 [jɛgi] 話　　하애요 [hajɛjo] 白いです*

07-4

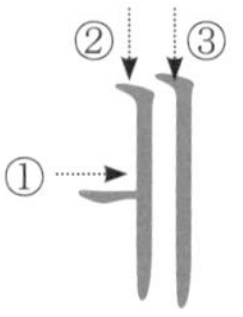

[e] [ㅓ+ㅣ]
日本語の「エ」と同じく発音します。

가게 [kage] 店　　모레 [more] あさって　　어제 [əʤe] きのう

07-5

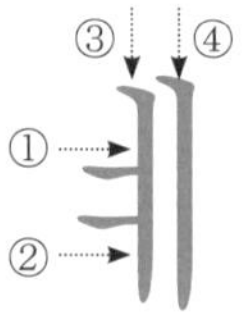

[je] [ㅕ+ㅣ=ㅖ]
이と에を続けて速く発音します。

예매 [jemɛ] 前売り*　　예고 [jego] 予告*

ただ、子音と結合すると[e]と発音されます。

계시다 [kesida] いらっしゃる　　시계 [sige] 時計

文字と発音練習

1 発音しながら書いて覚えよう。

07-6

개	 犬	개			
새	 鳥	새			
배	 腹、おなか	배			
아래	 下	아래			
노래	 歌	노래			
아내	 妻	아내			
배우다	 学ぶ	배우다			
걔*	 その子	걔			
얘기	 話	얘기			
모레	 明後日	모레			
가게	 店	가게			
어제	 昨日	어제			
예매*	 前売り	예매			
계시다	 いらっしゃる	계시다			
시계	 時計	시계			

文字と発音

07-7

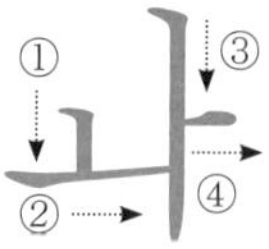

[wa]　[ㅗ+ㅏ=ㅘ]
日本語の「ワ」と同じく発音します。

사과 [sagwa] リンゴ　　교과서 [kjogwasə] 教科書　　봐요 [pwajo] 見ます

07-8

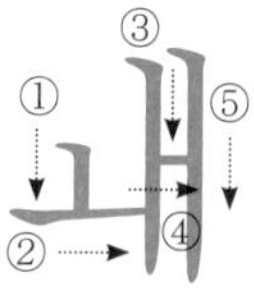

[wɛ]　[ㅗ+ㅐ=ㅙ]
日本語の「ウェ」のつもりで口を大きく開けながら発音します。

왜 [wɛ] なぜ　　돼지 [twɛʤi] 豚

07-9

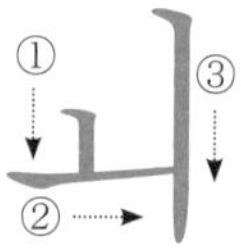

[ö]　[ㅗ+ㅣ=ㅚ]
唇を軽く前に突き出して発音します。ㅞ[we]とも発音されます。

회사 [hösa] 会社　　요리되다 [joridöda] 料理される　　외우다 [öuda] 覚える*

07-10

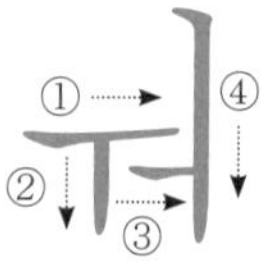

[wə]　[ㅜ+ㅓ=ㅝ]
우と어を続けて速く発音します。

배워요 [pɛwəjo] 学びます　　세워요 [sewəjo] 止めます(車)

07-11

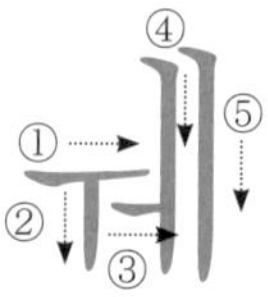

[we]　[ㅜ+ㅔ=ㅞ]
日本語の「ウェ」のつもりで、最後は唇をあまり開かないように発音します。

궤도 [kwedo] 軌道*　　스웨터 [sɨwet^{h}ə] セーター*

07-12

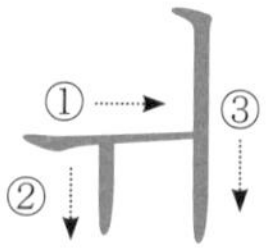

[wi]　[ㅜ+ㅣ=ㅟ]
唇を軽く突き出して「ウィ」のつもりで発音します。

위 [wi] 上　　뒤 [twi] 後ろ　　귀 [kwi] 耳　　취미 [ʧ^{h}wimi] 趣味

07-13

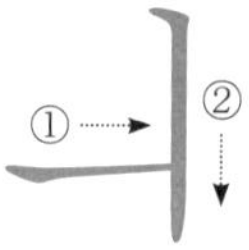

[ɨi]　[ㅡ+ㅣ=ㅢ]
으と이を続けて速く発音します。 ただ、의は子音と結合するか、または語中・語尾にくる場合は이[i]とも発音されます。

의자 [ɨiʤa] 椅子　　의사 [ɨisa] 医者 / 저희 [ʧəhi] 私ども
また助詞として用いられる場合は에[e]とも発音します。
나라의 [narae] 国の　　누구의 [nugue] 誰の　　우리의 [urie] 私たちの

文字と発音練習

2 発音しながら書いて覚えよう。

07-14

사과	 リンゴ	사과			
교과서	 教科書	교과서			
봐요	 見ます	봐요			
왜	 なぜ	왜			
돼지	 豚	돼지			
회사	 会社	회사			
외우다*	 覚える	외우다			
배워요	 学びます	배워요			
세워요	 (車を)止めます	세워요			
귀	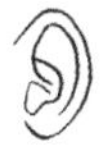 耳	귀			
뒤	 後ろ	뒤			
취미	 趣味	취미			
의자	 椅子	의자			
의사	 医者	의사			
저희	 私ども	저희			

文字と発音練習

3 発音記号をみてハングルを書いてみよう。

1	[norɛ] 歌		**8**	[jɛgi] 話		**15**	[tʃʰwimi] 趣味	
2	[pwajo] 見ます		**9**	[pɛwəjo] 学びます		**16**	[hösa] 会社	
3	[ɨisa] 医者		**10**	[anɛ] 妻		**17**	[kjesida] いらっしゃる	
4	[more] 明後日		**11**	[ədʒe] 昨日		**18**	[arɛ] 下	
5	[sewəjo] 止めます		**12**	[sigje] 時計		**19**	[sagwa] リンゴ	
6	[kage] 店		**13**	[jemɛ] 前売り		**20**	[kwi] 耳	
7	[ɨidʒa] 椅子		**14**	[twɛdʒi] 豚		**21**	[kjogwasə] 教科書	

4 次は日本語をハングルで表記したものである。読んでみよう。

1 이키루코토와 쇼우가이오 카케테 마나부베키코토데아루. 소시테, 오소라쿠 소레이죠우니 후시기니 오모와레루데아로우가, 쇼우가이오 카케테 마나부베키코토와 시누코토데아루.

2 코이와 자이호우요리모 하루카니 츠요이. 코이와 자이호우요리모 오카네요리모 하루카니 츠요이. 케레도 코이와 소레라노 치카라오 카리네바 나라나이노데아루.

☞ ここでは便宜上語頭での「カ行」は「ヲ」で、「ガ行」は「ㄱ」で、「タ行」の「タ、テ、ト」は「타,테,토」で、「つ」は「츠」で、「ダ行」の「ダ、デ、ド」は「다,데,도」で表記する。

文字と発音練習

5 合成母音字を発音しながら書いてみよう。

애	[ɛ]	애				
얘	[jɛ]	얘				
에	[e]	에				
예	[je]	예				
와	[wa]	와				
왜	[wɛ]	왜				
외	[ö]	외				
워	[wə]	워				
웨	[we]	웨				
위	[wi]	위				
의	[ɨi]	의				

제8과 終声子音字（パッチム）

ハングルの組合せは、「子音字＋母音字」のほかに「子音字＋母音字＋子音字」のパターンがあります。音節の最初にくる子音を「初声」、次にくる母音を「中声」、最後にくる子音を「終声」、または「パッチム」といいます。

ㄱ[k]＋ㅣ[i]＋ㅁ[m]＝ 김　　　　ㅂ[p]＋ㅏ[a]＋ㅂ[p]＝ 밥

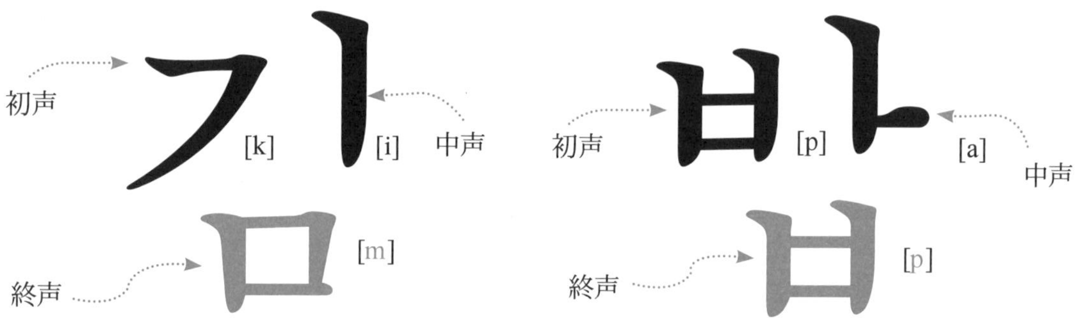

❑ 終声規則

終声として使われている1文字のパッチムは16文字、2文字のパッチムは11文字ありますが、発音するときは次の7種類の音のいずれか(代表音)で発音されます。

代表音			1文字パッチム(16)	2文字パッチム(11)
1	ㄱ	[k]	ㄱ,ㅋ,ㄲ	ㄳ,ㄺ
2	ㄴ	[n]	ㄴ	ㄵ,ㄶ
3	ㄷ	[t]	ㄷ,ㅌ,ㅅ,ㅆ,ㅈ,ㅊ,ㅎ	
4	ㄹ	[l]	ㄹ	ㄼ,ㄽ,ㄾ,ㅀ
5	ㅁ	[m]	ㅁ	ㄻ
6	ㅂ	[p]	ㅂ,ㅍ	ㅄ,ㄿ
7	ㅇ	[ŋ]	ㅇ	

文字と発音

1 1文字パッチム

08-1

ㄱ	[^{k}]	ㄱ,ㅋ,ㄲ

舌を奥に寄せて緊張させて「マッカ」の「ッ」のように「k」を発音します。

국 [ku^k] スープ　　약 [ja^k] 薬　　부엌 [puə^k] 台所*　　밖 [pa^k] 外

ㄴ	[n]	ㄴ

舌先を上の歯茎の裏側につけたまま、「カンダ」の「ン」のように「n」を発音します。

눈 [nun] 目　　돈 [ton] おかね　　우산 [usan] 傘　　한국 [hangu^k] 韓国

ㄷ	[^{t}]	ㄷ,ㅌ,ㅅ,ㅆ ㅈ,ㅊ,ㅎ

舌先を上の歯茎の裏側につけたまま、息を止めて「ヤッタ」の「ッ」のように「t」を発音します。

끝 [kɨ^t] 終り　　맛 [ma^t] 味　　옷 [o^t] 服　　낮 [na^t] 昼　　꽃 [k'o^t] 花

ㄹ	[l]	ㄹ

舌先をややそらせて上の歯茎から少し離れたところに軽くつけたまま、「l」の発音をします。

물 [mul] 水　　딸 [t'al] 娘　　팔 [p^{h}al] 腕　　일본 [ilbon] 日本

ㅁ	[m]	ㅁ

唇を閉じたまま、「サンマ」の「ン」のように「m」を発音します。

김치 [kimʧ^{h}i] キムチ　　음식 [ɨmsi^k] 食べ物　　아침 [aʧ^{h}im] 朝　　이름 [irɨm] 名前

ㅂ	[^{p}]	ㅂ,ㅍ

唇を閉じたまま、「ラッパ」の「っ」のように「p」を発音します。

앞 [a^p] 前　　입 [i^p] 口　　밥 [pa^p] 飯　　수업 [suə^p] 授業

ㅇ	[ŋ]	ㅇ

舌を奥に寄せて息を抜きながら「マンガ」の「ン」のように「ŋ」を発音します。

사랑 [saraŋ] 愛　　고양이 [kojaŋi] 猫　　영어 [jəŋə] 英語　　안경 [angjəŋ] 眼鏡

文字と発音

2 2文字パッチム

2文字のパッチムは次の11文字がありますが、2文字を同時に発音することはできないのでどちらか一方の子音字だけを発音します。規則を覚えるよりは2文字パッチムを持った単語が出てきたらその都度その単語の発音の仕方を覚えるようにしましょう。

左側の子音字を発音する	右側の子音字を発音する
ㄳ, ㄵ, ㄶ, ㄼ, ㄽ, ㄾ, ㅀ, ㅄ	ㄺ, ㄿ, ㄻ

08-2

ㄱ	[k]	ㄳ, ㄺ

「넋」は[넉]、「닭」は[닥]、「읽」は[익]と発音します。

넋 [nə^{k}] 魂*　　닭 [ta^{k}] 鶏　　읽다 [i^{k}t’a] 読む

ただ、「ㄺ」の場合、子音「ㄱ」で始まる語尾の前では[l]と発音します。

읽고 [ilk’o] 読んで

ㄴ	[n]	ㄵ, ㄶ

「많」は[만]、「앉」は[안]、「찮」は[찬]と発音します。

많다 [mant^{h}a] 多い　　앉다 [ant’a] 座る　　괜찮다 [kwɛntʃ^{h}ant^{h}a] 大丈夫だ

ㄹ	[l]	ㄼ, ㄽ, ㄾ, ㅀ

「덟」は[덜]、「짧」は[짤]、「싫」は[실]と発音します。
ただ、「밟다」(踏む) 1語だけは[밥]と発音します。

여덟 [jədəl] 八　　짧다 [ʧ’alt’a] 短い　　싫다 [silt^{h}a] いやだ

ㅁ	[m]	ㄻ

「젊」は[점]、「삶」は[삼]と発音します。

젊다 [ʧəmt’a] 若い*　　삶다 [samt’a] ゆでる*

ㅂ	[^{p}]	ㅄ, ㄿ

「값」は[갑]、「없」は[업]、「읊」は[읍]と発音します。

값 [ka^{p}] 値段　　없다 [ə^{p}t’a] ない　　읊조리다 [ɨ^{p}ʧ’orida] 詠ずる*

参考　ハングル検定5級語彙リストに出てくる2文字パッチムの単語は以下の12語です。

값：値段　괜찮다：大丈夫だ　닭：鶏　많다：多い　많이：たくさん　맛없다：まずい
싫다：いやだ　싫어하다：嫌う　앉다：座る　없다：ない　여덟：八つ　짧다：短い

文字と発音練習

1 発音しながら書いてみよう。

08-3

국	 スープ	국			
책	 本	책			
밖	 外	밖			
돈	 お金	돈			
한국	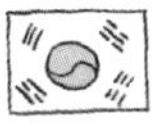 韓国	한국			
신문	 新聞	신문			
우산	 傘	우산			
맛	 味	맛			
꽃	 花	꽃			
끝	 終わり	끝			
물	 水	물			
일본	 日本	일본			
얼굴	 顔	얼굴			
김치	 キムチ	김치			
마음	 心	마음			

文字と発音練習

2 発音しながら書いてみよう。

08-4

여름	 夏	여름			
밥	 飯	밥			
수업	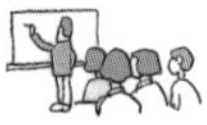 授業	수업			
앞	 前	앞			
사랑	 愛	사랑			
안경	 眼鏡	안경			
영어	 英語	영어			
고양이	 猫	고양이			
닭	 鶏	닭			
읽다	 読む	읽다			
많다	 多い	많다			
앉다	 座る	앉다			
여덟	 八つ	여덟			
값	 値段	값			
없다	 ない	없다			

文字と発音練習

3 次の単語を読んでみよう。

1	햄버거		8	트럼펫		15	원피스	
2	펩시콜라		9	스캔들		16	스타킹	
3	레몬		10	논픽션		17	넥타이	
4	와인		11	텔레비전		18	심볼	
5	칵테일		12	올림픽		19	스쿨버스	
6	샴페인		13	트레이닝		20	캡슐	
7	막걸리		14	챔피언		21	난센스	

4 次の単語を読んでみよう。

1	헝가리		8	스웨덴		15	뉴질랜드	
2	캄보디아		9	미얀마		16	폴란드	
3	네덜란드		10	볼리비아		17	브라질	
4	필리핀		11	포르투갈		18	네팔	
5	핀란드		12	벨기에		19	몽골	
6	과테말라		13	멕시코		20	덴마크	
7	콜롬비아		14	프랑스		21	이스라엘	

제9과 発音のルール（連音化、激音化、鼻音化、濃音化）

1 パッチムの連音化

09-1

　終声(パッチム)の次に音価のない「ㅇ」で始まる母音音節が続くと、終声(パッチム)はその母音音節に移って初声として発音されます。この現象を連音化といいます。2文字のパッチムの場合は、左側は残り、右側だけが次の音節に移って連音されます。この連音化によって1文字パッチム、2文字パッチムともそれぞれの本来の音価ですべて発音できるようになります。

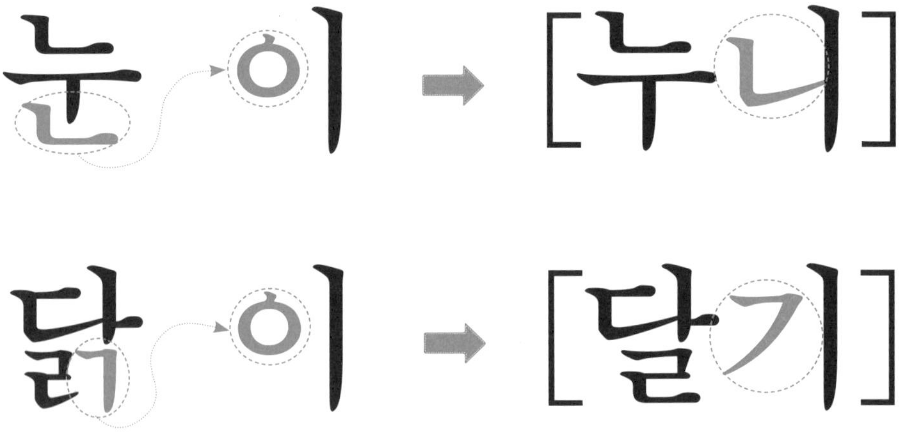

注意 パッチム「ㅇ」や「ㅎ」は次に母音音節が続いても連音化されません。

❶ パッチム「ㅇ」は連音せずそのまま発音されます。パッチム「ㅇ」に続く母音は鼻濁音になります。

영어 ➜ [영어] 英語　　형이 ➜ [형이] 兄が　　고양이가 ➜ [고양이가] 猫が

❷ パッチム「ㅎ」は母音音節の前では無音化し、発音されません。

좋아요 ➜ 조＋ㅎ＋아요 ➜ 조＋아요 ➜ [조아요] いいです

넣어요 ➜ 너＋ㅎ＋어요 ➜ 너＋어요 ➜ [너어요] 入れます

❸ 2文字パッチムの「ㄶ・ㅀ」は右側の「ㅎ」も母音音節の前では無音化し、残りの左側の子音「ㄴ・ㄹ」が次の音節に移って発音されます。

많이 ➜ 만＋ㅎ＋이 ➜ 만＋이 ➜ [마니] たくさん

싫어 ➜ 실＋ㅎ＋어 ➜ 실＋어 ➜ [시러] いやだ

❹ パッチム「ㄲ・ㅆ」は二文字ではなく、1文字なのでそのまま連音します。

밖에 ➜ 바＋ㄲ＋에 ➜ [바께] 外へ

있어요 ➜ 이＋ㅆ＋어요 ➜ [이써요] あります

文字と発音練習

09-2

1 連音化した発音通りに書いてみよう。

한국어	韓国語		지금은	今は	
음악을	音楽を		이름은	名前は	
음식이	食べ物が		목요일에	木曜日に	
옷을	服を		일본어	日本語	
꽃이	花が		저분이	あの方が	
옷이	服が		손님이	客が	
사진을	写真を		입이	口が	
끝에	終りに		낮에	昼に	
잎이	葉が		집에서	家で	
수업이	授業が		우산이	傘が	
시장에	市場へ		병원에	病院に	
좋아요	良いです		종이가	紙が	
몸이	体が		식당에	食堂に	
맛이	味が		설탕이	砂糖が	
과일을	果物を		냉면이	冷麺が	
오늘은	今日は		칠월에	七月に	
여덟이	八が		읽어요	読みます	
많이	たくさん		앉아서	座って	
밖에서	外で		싫어요	いやです	

文字と発音

☞ ハングル検定5級で出題される発音のルールは①連音化、②濃音化、③ㅎの弱化と脱落、④一部語尾の鼻音化のみです。ここでは②、③、④の濃音化、ㅎの弱化と脱落、一部語尾の鼻音化と激音化を簡略に練習します。ほかに主要な発音ルールは付録(p.162)にまとめて収録し、「文法と表現」編に出てくる該当箇所とリンクして活用できるようにしてあります。

09-3

2 濃音化

平音「ㄱ,ㄷ,ㅂ,ㅅ,ㅈ」はパッチム「ㄱ,ㄷ,ㅂ」(代表音含む)の後ろでは濃音化して「ㄲ,ㄸ,ㅃ,ㅆ,ㅉ」で発音されます。

パッチム　初声　パッチム　初声

ㄱ,ㄷ,ㅂ＋ㄱ,ㄷ,ㅂ,ㅅ,ㅈ ➜ ㄱ,ㄷ,ㅂ＋ㄲ,ㄸ,ㅃ,ㅆ,ㅉ

학교 [학꾜] 学校	축구 [축꾸] サッカー	대학교 [대학꾜] 大学	식당 [식땅] 食堂
작다 [작따] 小さい	학생 [학쌩] 学生	책상 [책쌍] 机	식사 [식싸] 食事
숙제 [숙쩨] 宿題	닫다 [닫따] 閉める	같다 [갇따] 同じだ	숫자 [숟짜] 数字
어젯밤 [어젣빰] 昨夜	없다 [업따] ない	있습니다 [읻씀니다] あります	

09-4

3 激音化

平音「ㄱ,ㄷ,ㅂ,ㅈ」の前後に「ㅎ」がくると、「ㄱ,ㄷ,ㅂ,ㅈ」は激音化して「ㅋ,ㅌ,ㅍ,ㅊ」で発音されます。

パッチム　初声　パッチム　初声　初声

ㄱ,ㄷ,ㅂ,ㅈ＋ㅎ / ㅎ＋ㄱ,ㄷ,ㅂ,ㅈ ➜ ㅋ,ㅌ,ㅍ,ㅊ

축하 [추카] 祝賀	놓다 [노타] 置く	넣다 [너타] 入れる	괜찮다 [괜찬타] 大丈夫だ
많다 [만타] 多い	좋다 [조타] 良い	못하다 [모타다] できない	생각하다 [생가카다] 思う

09-5

4 語尾の鼻音化

語尾「-ㅂ니다/-ㅂ니까」は2文字目の鼻音「ㄴ」の影響で1文字目の「ㅂ」が[ㅁ]に鼻音化され、[-ㅁ니다/-ㅁ니까]で発音されます。

ㅂ＋ㄴ ➜ ㅁ＋ㄴ

입니다[임니다] です	옵니다[옴니다] 来ます	덥습니다[덥씀니다] 暑いです
입니까[임니까] ですか	봅니까[봄니까] 見ますか	먹습니까[먹씀니까] 食べますか

09-6

5 ㅎ(ヒウッ)の弱化・脱落

❶ パッチム「ㅎ」は母音音節の前では脱落し、発音されません。

좋아요 [조아요] いいです　넣어요[너어요] 入れます　많이[마니] 多く　싫어요[시러요] いやです

❷ パッチム「ㄴ,ㄹ,ㅁ,ㅇ」の後に来る初声の「ㅎ」の音は弱くなり、連音で発音されることもあります。

결혼[겨론] 結婚　은행[으냉] 銀行　전화[저놔] 電話　말하다[마라다] 言う

文字と発音練習

2 発音通りに書いてみよう。

09-7

택시	タクシー		대학생	大学生	
숙제	宿題		맛있다	美味しい	
학교	学校		축구	サッカー	
식당	食堂		시작되다	始まる	
없다	ない		책상	机	

3 発音通りに書いてみよう。

09-8

싫다	いやだ		시작하다	始める	
많지요	多いです		어떻게	どのように	
축하하다	祝う		생각하다	思う	

4 発音通りに書いてみよう。

09-9

갑니까	行きますか		책입니다	本です	
옵니다	来ます		있습니다	あります	
입니까	ですか		먹습니다	食べます	

5 発音通りに書いてみよう。

09-10

넣어요	入れます		좋아요	いいです	
많이	多く		싫어요	いやです	
놓아요	置きます		괜찮아요	大丈夫です	
좋아하다	好きだ		싫어하다	いやがる	

文字と発音練習

6 読んでみよう。

09-11

1
하나　둘　셋　넷　다섯
一つ　二つ　三つ　四つ　五つ

일　이　삼　사　오　육　칠　팔　구　십
一　二　三　四　五　六　七　八　九　十

2
어머니　아버지　할아버지　할머니
母　父　おじいさん　おばあさん

머리　눈　입　팔　가슴　배　허리　다리　발
頭　目　口　腕　胸　腹　腰　脚　足

3
김치　불고기　비빔밥　냉면　국밥
キムチ　焼肉　ビビンバ　冷麺　クッパ

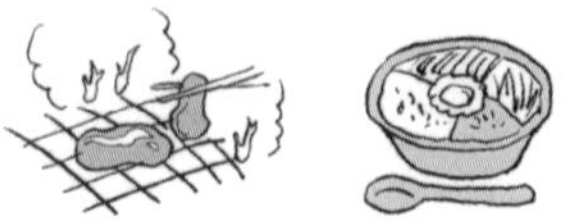

차　커피　주스　우유　술　물
お茶　コーヒー　ジュース　牛乳　酒　水

4
개　고양이　닭　돼지　새
犬　猫　鶏　豚　鳥

양말　바지　치마　구두　시계　안경
靴下　ズボン　スカート　靴　時計　眼鏡

5
① 안녕하세요?
こんにちは
② 안녕히 가세요
さようなら
③ 몰라요
わかりません
④ 알았어요
わかりました

⑤ 여보세요
もしもし/すみません
⑥ 여기요/ 저기요
すみません(呼びかけ)
⑦ 잠깐만요
お待ちください
⑧ 그렇습니다/ 그래요
そうです

仮名のハングル表記法

仮名					ハングル									
					語頭					語中・語末				
ア	イ	ウ	エ	オ	아	이	우	에	오					
カ	キ	ク	ケ	コ	가	기	구	게	고	카	키	쿠	케	코
サ	シ	ス	セ	ソ	사	시	스	세	소					
タ	チ	ツ	テ	ト	다	지	쓰	데	도	타	치	쓰	테	토
ナ	ニ	ヌ	ネ	ノ	나	니	누	네	노					
ハ	ヒ	フ	ヘ	ホ	하	히	후	헤	호					
マ	ミ	ム	メ	モ	마	미	무	메	모					
ヤ	イ	ユ	エ	ヨ	야	이	유	에	요					
ラ	リ	ル	レ	ロ	라	리	루	레	로					
ワ	(ヰ)	ウ	(ヱ)	ヲ	와	(이)	우	(에)	오					
ン										ㄴ				
ガ	ギ	グ	ゲ	ゴ	가	기	구	게	고					
ザ	ジ	ズ	ゼ	ゾ	자	지	즈	제	조					
ダ	ヂ	ヅ	デ	ド	다	지	즈	데	도					
バ	ビ	ブ	ベ	ボ	바	비	부	베	보					
パ	ピ	プ	ペ	ポ	파	피	푸	페	포					
キャ		キュ		キョ	갸		규		교	캬		큐		쿄
ギャ		ギュ		ギョ	갸		규		교					
シャ		シュ		ショ	샤		슈		쇼					
ジャ		ジュ		ジョ	자		주		조					
チャ		チュ		チョ	자		주		조	차		추		초
ヒャ		ヒュ		ヒョ	햐		휴		효					
ビャ		ビュ		ビョ	뱌		뷰		뵤					
ピャ		ピュ		ピョ	퍄		퓨		표					
ミャ		ミュ		ミョ	먀		뮤		묘					
リャ		リュ		リョ	랴		류		료					

❶ 促音「ッ」はパッチム「ㅅ」で表記します。→ ハットリ(服部) → 핫토리　サッポロ(札幌) → 삿포로
❷ 撥音「ん」はパッチム「ㄴ」で表記します。→ ホンマ(本間) → 혼마　センダイ(仙台) → 센다이
❸ 長母音は表記しません。→ オオヤマ(大山) → 오야마　トウキョウ(東京) → 도쿄
❹ 語中・語末にある「カ行」「タ行」は激音で書きます。→ イノマタユウスケ(猪俣勇介) → 이노마타 유스케
❺ 日本人の氏名は名字と名前の間を半角分空けて書きます。→ 佐藤ゆかり → 사토 유카리

❑ ハングルで自分の名前を書いてみよう。

文法と表現編

「文法と表現」編の用例の単語はすべてハングル検定5級の語彙リストのものを用いています。5級の語彙リストに用例に適した単語がない場合は一部4級レベルの語彙を利用し、「*」印をつけて区別しています。

基本文法用語

1 体言：名詞、代名詞、数詞のように文の主語や目的語になれるものを体言といいます。

❶ 母音体言	体言の最終音節が母音で終わるもの 우리 私達　김치 キムチ　나무 木　누구 誰
❷ 子音体言	体言の最終音節が子音で終わるもの 일본 日本　대학 大学　기분 気分　한국 韓国

2 用言：動詞・形容詞のように語尾活用があり、文の述語になれるものを用言といいます。

❶ 動詞	基本形が「보다」「사다」のように「다」で終わります。 보다 見る　사다 買う　웃다 笑う
❷ 形容詞	基本形は「싸다」「좋다」のように動詞と同じく「다」で終わります。 싸다 安い　좋다 良い　춥다 寒い

3 語幹：用言の基本形から語尾「다」を取り除いた変化しない部分を語幹といいます。

가+다 行く　먹+다 食べる　차+다 冷たい　춥+다 寒い

❶ 母音語幹	語幹の最終音節が母音(パッチム無し)で終わっているもの 가+다 行く　보+다 見る　크+다 大きい　아프+다 痛い
❷ 子音語幹	語幹の最終音節が子音(パッチム有り)で終わっているもの 읽+다 読む　닫+다 閉める　덥+다 暑い　작+다 小さい
❸ ㄹ語幹	語幹の最終音節がㄹで終わっているもの 살+다 住む　알+다 わかる　길+다 長い　멀+다 遠い
❹ 陽母音語幹	語幹の最終音節に陽母音「ㅏ,ㅗ」が含まれているもの 가+다 行く　보+다 見る　앉+다 座る　높+다 高い
❺ 陰母音語幹	語幹の最終音節に陽母音「ㅏ,ㅗ」以外の母音が含まれているもの 건너+다 渡る　마시+다 飲む　먹+다 食べる　춥다 寒い

4 語尾：活用によって変化する単語の語末の部分を語尾といいます。

❶ 連結語尾	前の文と後続の文を対等・従属などの関係で接続させる語尾 먹고, 먹으니까, 먹으려고, 먹지만, 먹으면, 먹으면서 食べて、食べるから、食べようと、食べるが、食べれば、食べながら
❷ 終結語尾	文を終結させる語尾。平叙、疑問、命令、勧誘形などがあります。 읽습니다, 읽습니까?, 읽읍시다, 읽으십시오, 읽을까요? 読みます、読みますか、読みましょう、読んでください、読みましょうか
❸ 連体形語尾	後続の体言を修飾させる語尾 먹는+N、먹은+N、먹을+N 食べる+N、食べた+N、食べるつもりの+N
❹ 先語末語尾	語末語尾の前で尊敬、時制などの意を表す語尾 오+시+다 来られる　먹+었+다 食べた　가+겠+다 行くつもりだ

제10과 저는 학생입니다

学習目標表現

1

안녕하세요?
こんにちは。

안녕하십니까?
こんにちは。

☞p.3～p.4の「あいさつのことば」

10-1

2

저 는 이유진 이라고 합니다.
私 は イユジン といいます。

저 는 야마다 라고 합니다.
私 は ヤマダ といいます。

☞名詞+(이)라고 합니다：～といいます

10-2

3

야마다 씨 는 학생 입니까?
やまださん は 学生 ですか。

네, 저 는 학생 입니다.
はい、私 は 学生 です。

☞名詞+입니다/입니까?：～です/～ですか

10-3

4

유진 씨 도 학생 입니까?
ユジンさん も 学生 ですか。

아니요, 저 는 회사원 입니다.
いいえ 私 は 会社員 です。

☞名詞+도：～も

10-4

単語

ㄱㄴㄷ

고등학생 ：高校生
나 ：私
네 ：はい
대학생 ：大学生

도 ：も

ㅅㅇ

선생님 ：先生
씨 ：さん
아니요 ：いいえ
의사 ：医者
일본 사람 ：日本人
−입니까? ：ですか
−입니다 ：です

ㅈㅎ

저 ：わたくし
저분 ：あの方
학생 ：学生
한국 사람 ：韓国人
회사원 ：会社員

文法と表現

10-5

1　1인칭대명사　1人称代名詞

単数		複数	
나	わたし、僕	우리	我々、私たち
저	わたくし	저희	私ども

☞ 韓国語の1人称の代名詞は男女による使い分けはありません。「저」と「저희」は謙譲語です。

10-6

2　名詞 + 는/은　名詞 + は

助詞　名詞に付いて主題を表します。

接続　母音で終わる名詞には「는」、子音で終わる名詞には「은」の形で接続します。

母音で終る名詞 + 는		子音で終わる名詞 + 은	
나+는	私は	학생+은	学生は
저+는	私は	선생님+은	先生は
우리+는	我々は	책+은	本は

10-7

3　名前 + (이)라고 합니다　名前 + といいます

慣用表現　名前やものを表す名詞に付いて、名前や呼び方を表します。

接続　母音で終わる名前には「라고 합니다」、子音で終わる名前には「이라고 합니다」の形で接続します。

母音で終る名詞 + 라고 합니다		子音で終わる名詞 + 이라고 합니다	
사사키+**라고 합니다**	佐々木**といいます**	영민+**이라고 합니다**	ヨンミン**といいます**
이민수+**라고 합니다**	イミンス**といいます**	은경+**이라고 합니다**	ウンギョン**といいます**

① 안녕하세요?
　－저는 김영민**이라고 합니다**.

② 안녕하세요?
　저는 사사키 마유**라고 합니다**.
　－만나서 반갑습니다.
　*お会いできてうれしいです

発音
① 鼻音化：ㅂ+ㄴ → ㅁ+ㄴ
　라고 합니다 → [라고 함니다]
② 濃音化：ㅂ+ㅅ → ㅂ+ㅆ
　반갑습니다 → [반갑씀니다]

練習

1 助詞「-는/-은」を接続してみよう。

母音で終わる名詞 + 는			/ 子音で終わる名詞 + 은		
나	わたし、僕		저	わたくし	
우리	私たち		의사	医者	
친구	友だち		이분	この方	
학생	学生		그분	その方	
선생님	先生		저분	あの方	
어머니	母		남자	男子	
아버지	父		여자	女子	
할머니	おばあさん		일본 사람	日本人	
할아버지	おじいさん		한국 사람	韓国人	

2 보기 例 のように自己紹介の練習をしてみよう。

보기 다나카
→ 안녕하세요?
저는 다나카 라고 합니다.
만나서 반갑습니다.

田中
→ こんにちは。
私は 田中 といいます。
お会いできてうれしいです。

(1) 무라카미
→

(2) 이윤정
→

(3) 나카무라
→

文法と表現

10-8

4

名詞 ＋ 입니다	名詞 ＋ です
名詞 ＋ 입니까?	名詞 ＋ ですか

語尾　名詞に付いて丁寧な断定の意を表します。
「입니다」は叙述の意を、「입니까?」は疑問の意を表します。

名詞 ＋ 입니다		名詞 ＋ 입니까?	
학생+**입니다**	学生+です	학생+**입니까?**	学生+ですか
의사+**입니다**	医者+です	의사+**입니까?**	医者+ですか
일본 사람+**입니다**	日本人+です	일본 사람+**입니까?**	日本人+ですか

① 학생**입니까?**
　－네, 나는 학생**입니다.**
② 일본 사람**입니까?**
　－네, 저는 일본 사람**입니다.**

発音
①濃音化：ㄱ+ㅅ ➜ ㄱ+ㅆ
　학생 ➜ [학쌩]
②鼻音化：ㅂ+ㄴ ➜ ㅁ+ㄴ
　입니다 ➜ [임니다]
　입니까? ➜ [임니까]

10-9

5

名詞 ＋ 도	名詞 ＋ も

助詞　名詞に付いて添加、列挙などの意を表します。

名詞 ＋ 도			
나+도	私+も	이분+도	この方+も
친구+도	友達+も	저분+도	あの方+も

① 야마다 씨도 학생**입니까?**
　－아니요, 나는 회사원**입니다.**
② 저분도 선생님**입니까?**
　－아니요, 저분은 의사**입니다.**

練習

③ 보기 例 のように文を作ってみよう。

보기 대학생
→ [대학생] 입니까?
−네, 저는 [대학생] 입니다.

大学生
→ [大学生] ですか。
−はい、私は [大学生] です。

(1) 일본 사람 日本人

→

(2) 학생 学生

→

(3) 의사 医者

→

(4) 고등학생 高校生

→

(5) 한국 사람 韓国人

→

④ 보기 例 のように文を作ってみよう。

보기 야마다 씨, 대학생, 회사원
→ [야마다 씨] 도 [대학생] 입니까?
−아니요, [야마다 씨] 는 [회사원] 입니다.

山田さん、大学生、会社員
→ [山田さん] も [大学生] ですか。
−いいえ、[山田さん] は [会社員] です。

(1) 야마다 씨, 한국 사람, 일본 사람 韓国人、日本人

→

(2) 민영 씨, 의사, 간호사* 医者、看護師

→

(3) 다나카 씨, 가수*, 배우* 歌手、俳優

→

(4) 사사키 씨, 선생님, 회사원 先生、会社員

→

(5) 혜영 씨, 일본 사람, 한국 사람 日本人、韓国人

→

ダイアローグ&作文

5 読んで訳してみよう。

10-10

유진 ❶ 안녕하세요?

❷ 저는 이유진**이라고** **합니다**.

겐타 ❸ 안녕하세요? 저는 야마다**입니다**.

❹ 만나서 반갑습니다.

유진 ❺ 야마다 씨**는** 대학생**입니까**?

겐타 ❻ 네, 저는 대학생입니다.

❼ 유진 씨**도** 대학생**입니까**?

유진 ❽ 아니요, 저는 회사원입니다.

6 韓国語に訳してみよう。

(1) 学生ですか。―はい、学生です。 학생

➜

(2) 高校生ですか。 ―いいえ、大学生です。 고등학생, 대학생

➜

(3) 韓国人ですか。 ―いいえ、私は日本人です。 한국 사람,일본 사람

➜

(4) こんにちは。 私は山田といいます。 ~라고 합니다

➜

(5) 山田さんも会社員ですか。―いいえ、私は学生です。 회사원, 학생

➜

제11과 이것은 무엇입니까?

学習目標表現

1

이것 은 무엇입니까?
これ は 何 ですか。

그것 은 시계 입니다.
それ は 時計 です。

☞이것, 그것, 저것 : これ、それ、あれ

11-1

2

이것 도 연필 입니까?
これ も 鉛筆 ですか。

아니요, 그것 은 연필 이 아닙니다.
いいえ、 それ は 鉛筆 では ありません。

☞名詞+가/이 아닙니다 : ～ではありません

11-2

3

이것 은 누구 의 가방 입니까?
これ は 誰 の かばん ですか。

유진 씨 의 가방 입니다.
ユジンさん の かばん です。

☞名詞+의 : ～の

11-3

4

이 노트 는 누구 의 것입니까?
このノートは 誰 の ものですか。

그 노트 는 민수 씨 의 것입니다.
その ノート は ミンスさん の ものです。

☞이, 그, 저, 어느+名詞 : この、その、あの、どの

11-4

単語

ㄱㄴ

가방 : かばん
가족 : 家族
것 : もの
그렇습니다 : そうです
남동생 : 弟
내 : 私の
노트 : ノート

누구 : 誰

ㅁㅂㅅ

무엇 : 何
볼펜 : ボールペン
사람 : 人
사전 : 辞書
사진 : 写真
시계 : 時計

ㅇㅈㅊ

안경 : 眼鏡
어머니 : 母、お母さん
연필 : 鉛筆
오빠 : 兄(妹から見ての)
우리 : 私の、うちの
이분 : この方
제 : 私の

책 : 本

ㅋㅌㅎ

컴퓨터 : パソコン
텔레비전 : テレビ
할머니 : 祖母、おばあさん

文法と表現

11-5

1 이것, 그것, 저것, 어느 것　これ、それ、あれ、どれ

指示代名詞　日本語の「これ、それ、あれ」と同じく事物を指し示すのに用いられます。

	近称	中称	遠称	選択	疑問
指示代名詞(事物)	이것	그것	저것	어느 것	무엇
	これ	それ	あれ	どれ	何

① **이것**은 **무엇**입니까?
　−**그것**은 컴퓨터입니다.
② **저것**은 **무엇**입니까?
　−**저것**은 텔레비전입니다.
③ 볼펜은 **어느 것**입니까?
　−**이것**입니다.

11-6

2 母音で終わる名詞 +가 아닙니다 / 子音で終わる名詞 +이 아닙니다　名詞 + ではありません

慣用表現　名詞に付いてその名詞を否定する意を表します。

接続　母音で終わる名詞には「−가 아닙니다」、子音で終わる名詞には「−이 아닙니다」の形で接続します。

母音で終わる名詞 + 가 아닙니다		子音で終わる名詞 + 이 아닙니다	
시계+**가 아닙니다**	時計+ではありません	사전+**이 아닙니다**	辞書+ではありません
구두+**가 아닙니다**	くつ+ではありません	연필+**이 아닙니다**	鉛筆+ではありません
노트+**가 아닙니다**	ノート+ではありません	학생+**이 아닙니다**	学生+ではありません

① 이것은 사전입니까?
　−아니요, 그것은 사전**이 아닙니다**. 책입니다.
② 이것도 연필입니까?
　−아니요, 그것은 연필**이 아닙니다**. 볼펜입니다.
③ 경민 씨는 학생입니까?
　−아니요, 경민 씨는 학생**이 아닙니다**. 회사원입니다.

練習

1 보기 例のように文を作ってみよう。

보기 이것, 우산　　これ、傘

→ 이것 은 무엇입니까?　　→ これは何ですか。

우산 입니다.　　傘です。

(1) 이것, 시계　　これ、時計

→

(2) 저것, 교과서　　あれ、教科書

→

(3) 그것, 연필　　それ、鉛筆

→

(4) 저것, 의자　　あれ、椅子

→

(5) 이것, 안경　　これ、眼鏡

→

2 보기 例のように文を作ってみよう。

보기 연필　　鉛筆

→ 이것은 연필 입니까?　　→ これは鉛筆ですか。

아니요, 그것은 연필 이 아닙니다.　　いいえ、それは鉛筆ではありません。

(1) 가방　　かばん

→

(2) 책　　本

→

(3) 컴퓨터　　パソコン

→

(4) 구두　　くつ

→

(5) 신문　　新聞

→

文法と表現

11-7

3 名詞 + 의　　名詞 + の

助詞　体言に付いて所有、所属、関係などの意を表します。ただ、日本語と違い、その前後関係からみて所有、所属などの関係性がはっきりしている場合は省略されるのが普通です。

名詞 + 의 + 名詞		名詞 + 名詞 (省略例)	
누구+**의**+가방	誰のかばん	누구+가방	誰のかばん
어머니+**의**+우산	母の傘	어머니+우산	母の傘
아버지+**의**+시계	父の時計	할머니+안경	おばあさんの眼鏡

① 이것은 누구**의** 가방입니까?
　－유진 씨**의** 가방입니다.
② 이것도 유진 씨**의** 시계입니까?
　－아니요, 그것은 유진 씨**의** 시계가 아닙니다.
③ 이것은 **어머니 안경**입니다. **할머니 안경**이 아닙니다.

注意　助詞「의」は1人称代名詞「나, 저」の後では省略できません。また、会話体では「나+의, 저+의」(私の)よりその縮約形「내, 제」のほうが一般的に用いられます。

▶ 이것은 **나의/저의** 가방입니다. ➜ 이것은 **내/제** 가방입니다.

11-8

4 이, 그, 저, 어느 + 名詞　　この、その、あの、どの + 名詞

連体詞　指示語として人や物を指し示す意を表します。

指示詞			用例			
近称	이	この	이+사람	この+人	이+노트	この+ノート
中称	그	その	그+사람	その+人	그+시디	その+CD
遠称	저	あの	저+사람	あの+人	저+핸드폰	あの+携帯電話
疑問・選択	어느	どの	어느+사람	どの+人	어느+것	どの+もの、どれ

① **저** 사람은 누구입니까?
　－**저** 사람은 민영 씨의 오빠입니다.
② **이** 노트는 누구의 것입니까?
　－**그** 노트는 제 것입니다.

練習

3 보기 [例]のように文を作ってみよう。

보기 이것, 어머니, 가방 　　これ、母、かばん

→ [이것] 은 누구의 [가방] 입니까? 　　→ [これ]は誰の[かばん]ですか。

[어머니] 의 [가방] 입니다. 　　[お母さん]の[かばん]です。

(1) 저것,친구,우산 　　あれ、友だち、傘

→

(2) 이것, 선생님, 책 　　これ、先生、本

→

(3) 그것, 아버지, 시계 　　それ、父、時計

→

(4) 저것, 할아버지, 안경 　　あれ、おじいさん、眼鏡

→

(5) 이것, 나, 컴퓨터 　　これ、私、パソコン

→

4 보기[例]のように文を作ってみよう。

보기 이것, 여동생, 치마 　　これ、妹、スカート

→ [이] [치마] 는 [여동생] 것입니다. 　　→ [この] [スカート]は[妹]のものです。

(1) 이것, 남동생, 바지 　　これ、弟、ズボン

→

(2) 이것, 할머니, 안경 　　これ、おばあさん、眼鏡

→

(3) 저것, 언니(누나), 스마트폰 　　あれ、姉、スマートフォン

→

(4) 그것, 오빠(형), 구두 　　それ、兄、くつ

→

(5) 이것, 할아버지,시계 　　これ、おじいさん、時計

→

(6) 그것, 아버지, 신발 　　それ、父、履物(くつ)

→

ダイアローグ&作文

5 読んでみよう。

11-9

유진 ❶ 이것은 **무엇**입니까?

겐타 ❷ 이것은 **제** 가족 사진입니다.

유진 ❸ 이분은 겐타 씨**의** 어머니입니까?

겐타 ❹ 그렇습니다. 우리 어머니입니다.

유진 ❺ **이** 사람은 누구입니까?

겐타 ❻ 제 남동생입니다.

유진 ❼ 남동생도 대학생입니까?

겐타 ❽ 아니요. 대학생**이 아닙니다.**

❾ 고등학생입니다.

☞ 우리：家族や会社、学校などのように自分が所属しているものを言う場合は「내」ではなく「우리」を用いる。日本語の「うちの」に似ている。例 우리 집(私の家)、우리 학교(私の学校)、우리 형(私の兄)、우리 아버지(私の父)

6 訳してみよう。

(1) 田中さんの鉛筆はどれですか。 연필, 어느 것

➜

(2) これは私の傘ではありません。 이것,우산

➜

(3) このくつは父のものです。 구두, 아버지

➜

(4) あのノートは誰のものですか。 노트, 누구

➜

(5) これは私の家族の写真です。 이것, 가족, 사진

➜

제12과 은행이 어디에 있습니까?

学習目標表現

1

은행 이 어디 입니까?
銀行 は どこ ですか。

저기 가 은행 입니다.
あそこ が 銀行 です。

☞ 여기, 거기, 저기, 어디 : ここ、そこ、あそこ、どこ

12-1

2

식당 이 있습니까?
食堂 は ありますか。

아니요, 식당 은 없습니다.
いいえ、 食堂 は ありません。

☞ 있습니다/없습니다 : あります/ありません

12-2

3

빵집 옆 에 무엇 이 있습니까?
パン屋の 隣 に 何 が ありますか。

우체국 이 있습니다.
郵便局 が あります。

☞ 名詞 + 에 : ～に(場所)

12-3

4

우체국 앞 에 무엇 이 있습니까?
郵便局の 前 に 何 が ありますか。

병원 과 학교 가 있습니다.
病院 と 学校 が あります。

☞ 名詞 + 와/과 : ～と

12-4

単語

ㄱㄷㅂ

- 건물 : 建物
- 과/와 : と
- 교실 : 教室
- 도서관 : 図書館
- 병원 : 病院
- 빵집 : パン屋

ㅇ

- 아버지 : 父、お父さん
- 안 : 中
- 앞 : 前
- 없다 : ない、いない
- 옆 : 隣、側、横
- 우체국 : 郵便局
- 위 : 上
- 은행 : 銀行
- 의자 : いす
- 이름 : 名前、氏名
- 있다 : ある、いる

ㅊㅍㅎ

- 책상 : 机
- 친구 : 友だち
- 편의점 : コンビニ
- 하고 : と
- 학교 : 学校
- 한국 : 韓国
- 화장실 : トイレ

文法と表現

12-5

1 여기, 거기, 저기, 어디　ここ、そこ、あそこ、どこ

指示代名詞　代名詞として場所を指し示します。

指示代名詞(場所)	近称		中称		遠称		疑問/選択	
	여기	ここ	거기	そこ	저기	あそこ	어디	どこ

12-6

2 名詞 + 가/이　名詞 + が

助詞　名詞に付いて主格を表します。

接続　母音で終わる名詞には「가」、子音で終わる名詞には「이」の形で接続します。

母音で終る名詞 + 가		子音で終わる名詞 + 이	
여기+가	ここ+が	은행+이	銀行+が
학교+가	学校+が	식당+이	食堂+が

① 은행**이** 어디입니까? − 저기**가** 은행입니다.

② 여기**가** 민수 씨 학교입니까? − 네, 여기**가** 우리 학교입니다.

参考　韓国語では他の物事との対比の意を表さない場合の冒頭の疑問文では助詞「가/이」が用いられるのが一般的です。

① 여기**가** 어디입니까?　② 이름**이** 무엇입니까?

注意　助詞「가」の前で「나,저」は「내, 제」に、「누구」は「누」に語形が変わって接続します。

나+가➔내+가	私+が	저+가➔ 제+가	私+が	누구+가➔ 누+가	誰+が

▶ 누가 학생입니까? − 제가 학생입니다.

12-7

3 있습니다 없습니다　あります・います ありません・いません

用言　存在の有無を表します。基本形は「있다, 없다」。日本語のような「ある、いる」の区別はありません。疑問形は「있습니까?」(ありますか・いますか)、「없습니까?」(ありませんか・いませんか)。

① 식당이 **있습니까?**
　−아니요, 식당은 **없습니다.**

② 한국 친구가 **있습니까?**
　−아니요, 한국 친구는 **없습니다.**

練習

1 助詞「가/이」、「는/은」を接続してみよう。

名詞		가 / 이　　~が	는 / 은　　~は
여기	ここ		
식당	食堂		
교실	教室		
가게	店		
시장	市場		
학교	学校		
화장실	トイレ		
저기	あそこ		

2 보기例のように文を作ってみよう。

보기 개, 고양이　　　犬、猫
→ 개 가 있습니다.　　→ 犬がいます。
고양이 는 없습니다.　　猫はいません。

(1) 의자, 책상　　いす、机

→

(2) 소금, 설탕　　塩、砂糖

→

(3) 학생, 선생님　　学生、先生

→

(4) 빵, 과일　　パン、果物

→

(5) 소, 돼지　　牛、豚

→

文法と表現

12-8

4 名詞 + 에 ①　　名詞(場所) + に

助詞　場所を表す名詞に付いて場所を表します。

場所の名詞 + 에			
어디+에	どこ+に	건물 안+에	建物の中+に
집+에	家+に	빵집 옆+에	パン屋の隣+に

① 화장실이 어디**에** 있습니까?
　－저 건물 안**에** 있습니다.
② 빵집 옆**에** 무엇이 있습니까?
　－빵집 옆**에**는 우체국이 있습니다.

안と속
안：人間が活動できる広い空間、範囲の中
　차 안(車の中), 방 안(部屋の中), 교실 안(教室の中)
속：人間が活動できない狭い空間、物質・物体の中
　책상 속(机の中), 가방 속(かばんの中), 물 속(水の中)

参考　位置関係名詞

앞	前	위	上	안/속	中	아래/밑	下
뒤	後ろ	아래	下	밖	外	옆	横・そば・隣

12-9

5 名詞 + 와/과　　名詞 + と

助詞　名詞に付いて並列、羅列の意を表します。
接続　母音で終わる名詞には「와」、子音で終わる名詞には「과」の形で接続します。

母音体言 + 와		子音体言 + 과	
학교+**와**+병원	学校と病院	지하철+**과**+버스	地下鉄とバス
종이+**와**+연필	紙と鉛筆	책상+**과**+의자	机といす

① 교실 안에 책상**과** 의자가 있습니다.
② 우체국 앞에 학교**와** 병원이 있습니다.

参考　会話体で「와/과」と同じ意味の助詞「하고」がよく用いられます。
「하고」は前の名詞が子音で終わっているか母音で終わっているかに関係なく接続します。

바지**하고** 치마	ズボン**と**スカート	연필**하고** 볼펜	鉛筆**と**ボールペン
의자**하고** 책상	いす**と**机	책**하고** 노트	本**と**ノート

① 교실에 책상**하고** 의자가 있습니다.
② 책상 위에 노트**하고** 책이 있습니다.

練習

3 보기例のように文を作ってみよう。

보기 새,나무 위
→ 새 는 어디에 있습니까?
나무 위 에 있습니다.

鳥、木の上
→ 鳥 はどこにいますか。
木の上 にいます。

(1) 화장실, 교실 뒤 　　トイレ、教室の後ろ

→

(2) 고양이, 집 밖 　　猫、家の外

→

(3) 컴퓨터, 책상 위 　　パソコン、机の上

→

(4) 빵집, 역 앞 　　パン屋、駅の前

→

(5) 병원, 우체국 옆 　　病院、郵便局の隣

→

4 助詞「와/ 과」を接続してみよう。

名詞				와 / 과　～と
아들	息子	딸	娘	
아버지	父	어머니	母	
시계	時計	우산	傘	
연필	鉛筆	볼펜	ボールペン	
의자	いす	책상	机	
우체국	郵便局	은행	銀行	
구두	くつ	양말	靴下	
책	本	노트	ノート	
여자	女子	남자	男子	

ダイアローグ&作文

5 読んでみよう。

12-10

겐타 ❶ **여기가** 유진 씨 학교입니까?

유진 ❷ 네, 여기가 우리 학교입니다.

겐타 ❸ 저 건물은 무엇입니까?

유진 ❹ 저것은 도서관입니다.

겐타 ❺ 학교 **안에** 편의점도 **있습니까?**

유진 ❻ 아뇨, 편의점은 **없습니다.**

❼ 편의점은 학교 **앞**에 있습니다.

❽ 학교 앞에는 병원**과** 우체국도 있습니다.

6 訳してみよう。

(1) 学校の前に何がありますか。 학교 앞, 무엇

➜

(2) トイレはどこにありますか。 화장실, 어디

➜

(3) 家の外に犬と猫がいます。 집 밖, 개, 고양이

➜

(4) 教室の中に誰がいますか。 교실 안, 누구

➜

(5) 会社の前にホテルと銀行があります。 회사 앞, 호텔, 은행

➜

제13과 학교에서 무엇을 합니까?

学習目標表現

1

비 가 오 ㅂ니까?
雨 が 降り ますか。

네, 비 가 오 ㅂ니다.
はい、 雨 が 降り ます。

☞ 動詞 +ㅂ니다/ㅂ니까：～ます/～ますか

13-1

2

무엇 을 먹 습니까?
何 を 食べ ますか。

밥 을 먹 습니다.
ご飯 を 食 べます。

☞ 名詞 +를/을：～を

13-2

3

도서관 에서 무엇 을 합니까?
図書館 で 何 を しますか。

책 을 읽 습니다.
本 を 読み ます。

☞ 名詞 +에서：～で

13-3

4

영어 를 배우 ㅂ니까?
英語 を 学び ますか。

아니요. 영어 는 배우지 않습니다.
いいえ、 英語 は 学び ません。

☞ 動詞 +지 않습니다：～ません

13-4

単語

ㄱㄴㄷㄹㅁ

- 같이 ：いっしょに
- 공항 ：空港
- 그리고 ：そして
- 내일 ：明日
- 냉면 ：冷麺
- 를/을 ：を
- 마시다 ：飲む
- 만나다 ：会う
- 많이 ：たくさん
- 먹다 ：食べる
- 명동 ：明洞(地名)

ㅂㅅ

- 밥 ：ご飯
- 배우다 ：学ぶ、習う
- 비 ：雨
- 비행기 ：飛行機
- 술 ：酒

ㅇㅈ

- 아주 ：とても
- 앉다 ：座る
- 에서 ：で
- 영어 ：英語
- 영화 ：映画
- 오다 ：降る、来る
- 읽다 ：読む
- 좋아하다：好きだ, 好む

ㅋㅌㅎ

- 커피 ：コーヒー
- 타다 ：乗る
- 한국어 ：韓国語

文法と表現

13-5

1

母音で終わる動詞の語幹 ＋ㅂ니다
子音で終わる動詞の語幹 ＋습니다
動詞 ＋ ます

母音で終わる動詞の語幹 ＋ㅂ니까
子音で終わる動詞の語幹 ＋습니까
動詞 ＋ ますか

語尾　動詞の語幹に付いて、丁寧語として聞き手に対する敬意を表します。「ㅂ니다, 습니다」は叙述形として、「ㅂ니까, 습니까」は疑問形として用いられます。

接続　「ㅂ니다, ㅂ니까」は母音で終わる語幹に、「습니다, 습니까」は子音で終わる語幹に接続します。

母音で終わる語幹 +ㅂ니다			子音で終わる語幹 +습니다		
가다	行く	가+ㅂ니다 → **갑니다**	먹다	食べる	먹+습니다 → 먹**습니다**
마시다	飲む	마시+ㅂ니다 → 마**십니다**	앉다	座る	앉+습니다 → 앉**습니다**

母音で終わる語幹 +ㅂ니까?			子音で終わる語幹 +습니까?		
오다	来る・降る	오+ㅂ니까? →**옵니까?**	신다	履く	신+습니까? → 신**습니까?**
보다	見る	보+ㅂ니까? →**봅니까?**	입다	着る	입+습니까? → 입**습니까?**

① 비가 **옵니까?**
　－네, 비가 많이 **옵니다.**
② 어디에 앉**습니까?**
　－의자에 앉**습니다.**

13-6

2

名詞 ＋ 를/을
名詞 ＋ を

助詞　名詞に付いて目的を表します。

接続　母音で終わる名詞には「를」、子音で終わる名詞には「을」の形で接続します。

母音で終わる名詞 ＋ 를		子音で終わる名詞 ＋ 을	
우유＋를	牛乳を	밥＋을	ご飯を
김치＋를	キムチを	신문＋을	新聞を

① 무엇을 마십니까?
　－커피를 마십니다.
② 무엇을 먹습니까?
　－밥을 먹습니다.

練習

1 次の動詞に丁寧形の語尾を接続してみよう。

基本形		語幹 +ㅂ니다/습니다	語幹 +ㅂ니까?/습니까?
가다	行く		
먹다	食べる		
오다	来る		
읽다	読む		
마시다	飲む		
입다	着る		
공부하다	勉強する		
있다	ある・いる		
사다	買う		

2 次の名詞に助詞「을/를」を接続してみよう。

名詞 +를/을					
책	本		한국어	韓国語	
영화	映画		음악	音楽	
빵	パン		영어	英語	
밥	ご飯		신문	新聞	
김치	キムチ		우유	牛乳	
물	水		국	汁	
커피	コーヒー		주스	ジュース	
사진	写真		옷	服	

文法と表現

13-7

3 名詞 + 에서 ①　　名詞(場所) + で

助詞　場所を表す名詞に付いて、動作の行われる場所を表します。

名詞 + 에서			
학교+에서	学校+で	도서관+에서	図書館+で
버스+에서	バス+で	공항+에서	空港+で

① 도서관**에서** 무엇을 합니까?
　－책을 읽습니다.
② 학교**에서** 무엇을 배웁니까?
　－한국어를 배웁니다.

注意　①「～に乗る」、②「～に会う」のように動作の対象を表したり、③「～が好きだ、～ができない」のように能力・好悪の対象を表す場合の助詞「～に」、「～が」は韓国語では助詞「～을/를」が用いられます。

－을/를 타다	－に乗る	－을/를 좋아하다	－が好きだ	－을/를 못하다	－ができない
－을/를 만나다	－に会う	－을/를 싫어하다	－が嫌いだ	－을/를 잘하다	－ができる・上手だ

① 공항에서 비행기를 탑니다.
② 명동에서 친구를 만납니다.
③ 나는 냉면을 좋아합니다.

13-8

4 動詞 + 지 않습니다　　動詞 + ません

慣用表現　動詞の語幹に付いてその動詞を否定する意を表します。

基本形		語幹 +지 않습니다	
배우다	学ぶ	배우+지 **않습니다**	学びません
읽다	読む	읽+지 **않습니다**	読みません
마시다	飲む	마시+지 **않습니다**	飲みません

① 영어를 배웁니까?
　－아니요. 영어는 배우지 **않습니다**.
② 술을 마십니까?
　－아니요. 나는 술을 마시지 **않습니다**.

練習

3 보기例のように文を作ってみよう。

보기 교실, 친구, 사진, 찍다 　　教室、友だち、写真、撮る

→ 교실에서 친구와 같이 사진을 찍습니다. 　　→ 教室で友だちと一緒に写真を撮ります。

(1) 집, 가족, 저녁, 먹다 　　家、家族、夕食、食べる

→

(2) 식당, 친구, 술, 마시다 　　食堂、友だち、酒、飲む

→

(3) 극장, 여자 친구, 영화, 보다 　　映画館、彼女、映画、見る

→

(4) 학교, 언니, 한국어, 배우다 　　学校、姉、韓国語、学ぶ

→

(5) 공원, 아이들, 축구,하다 　　公園、子供たち、サッカー、する

→

4 보기例のように文を作ってみよう。

보기 책, 읽다 　　本、読む

→ 책을 읽습니까? 　　→ 本を読みますか。

아니요. 책은 읽지 않습니다. 　　いいえ、本は読みません。

(1) 사진, 찍다 　　写真、撮る

→

(2) 밥, 먹다 　　ご飯、食べる

→

(3) 커피, 마시다 　　コーヒー、飲む

→

(4) 구두, 신다 　　くつ、履く

→

(5) 영화, 보다 　　映画、見る

→

ダイアローグ&作文

5 読んでみよう。

13-9

유카 ❶ 겐타 씨, 내일 무엇**을** 합**니까**?

겐타 ❷ 명동**에서** 친구**를** 만납**니다**.

그리고 식사를 합니다.

유카 ❸ 친구도 한국어를 배웁니까?

겐타 ❹ 아니요, 한국어는 배우**지 않습니다**.

❺ 유카 씨는 내일 무엇을 합니까?

유카 ❻ 저는 친구**하고 같이** 한국 영화를 봅니다.

겐타 ❼ 유카 씨는 한국 영화를 좋아합니까?

유카 ❽ 네, 아주 좋아합니다.

6 訳してみよう。

(1) 学校で韓国語を学びます。 학교, 한국어, 배우다

➜

(2) 図書館で本を読みます。 도서관, 책, 읽다

➜

(3) コンビニでパンと牛乳を買います。 편의점, 빵, 우유, 사다

➜

(4) 食堂でご飯を食べます。 식당, 밥, 먹다

➜

(5) 友だちといっしょに食事をします。 친구, 식사, 하다

➜

제14과 날씨가 어떻습니까?

学習目標表現

1

문제 가 어렵 습니까?
問題 が 難しい ですか。

네. 어렵 습니다.
はい、 難しい です。

☞ 形容詞 ＋습니다/습니까：～ですか

14-1

2

형 은 키 가 크 ㅂ니까?
お兄さん は 背 が 高い ですか。

아니요. 나 보다 작 습니다.
いいえ、 私 より 低い です。

☞ 名詞 ＋보다：～より

14-2

3

무슨 음식 을 좋아합니까?
どんな 料理 が 好きですか。

냉면 을 좋아합니다.
冷麺 が 好きです。

☞ 무슨＋ 名詞 ：何の・どんな

14-3

4

바지 가 짧 습니까?
ズボン が 短い ですか。

아니요. 짧 지 않습니다.
いいえ、 短く ありません。

☞ 形容詞 ＋지 않습니다：～くないです

14-4

単語

ㄱㄴㄷ

가을　：秋
계절　：季節
고향　：故郷
공부　：勉強
그림　：絵
날씨　：天気
높다　：高い
더　：もっと
덥다　：暑い
도쿄　：東京

ㅁㅂㅅ

만　：だけ、ばかり
맛있다：美味しい
매일　：毎日
맵다　：辛い
문제　：問題
바지　：ズボン
보다　：より(比較)
비빔밥：ビビンバ
비싸다：高い(値段)
산　：山
시험　：試験

ㅇㅈ

어떻다：どうだ
어렵다：難しい
여름　：夏
음식　：食べ物、料理
음악　：音楽
작다　：小さい、低い(背)
점심　：お昼、昼食
좀　：少し、ちょっと
좋다　：良い
좋아하다：好きだ
짧다　：短い

ㅊㅋㅎ

치마　：スカート
키가 크다：背が高い
하지만：しかし、けれども
형　：兄(弟から見ての)

文法と表現

14-5

1 母音で終わる形容詞の語幹 ＋ ㅂ니다 / 子音で終わる形容詞の語幹 ＋ 습니다　　形容詞 ＋ です

語尾　形容詞の語幹に付いて、丁寧語として相手に対する敬意を表します。「ㅂ니다，습니다」は叙述形として、「ㅂ니까，습니까」は疑問形として用いられます。

☞ 韓国語の動詞と形容詞は基本形が「다」で終わり、形では区別がつきませんが、活用もほぼ同じ形で語尾と結合するなど似たような活用をします。

接続　「ㅂ니다，ㅂ니까」は母音で終わる語幹に、「습니다，습니까」は子音で終わる語幹に接続します。

母音で終わる語幹 ＋ ㅂ니다			子音で終わる語幹 ＋ 습니다		
싸다	安い	싸+**ㅂ니다** → 쌉**니다**	덥다	暑い	덥+**습니다** → 덥**습니다**
나쁘다	悪い	나쁘+**ㅂ니다** → 나쁩**니다**	좋다	良い	좋+**습니다** → 좋**습니다**

母音で終わる語幹 ＋ ㅂ니까?			子音で終わる語幹 ＋ 습니까?		
비싸다	高い(値段)	비싸+**ㅂ니까?** → 비쌉**니까?**	어렵다	難しい	어렵+**습니까?** → 어렵**습니까?**
크다	大きい	크+**ㅂ니까?** → 큽**니까?**	작다	小さい	작+**습니까?** → 작**습니까?**

① 날씨가 덥**습니까?**
　－네, 아주 덥**습니다.**
② 시험 문제가 어렵**습니까?**
　－네, 아주 어렵**습니다.**

14-6

2 名詞 ＋ 보다　　名詞 ＋ より

助詞　名詞に付いて比較の対象や基準を表します。

名詞 ＋ 보다			
나+**보다**	私+より	밥+**보다**	ご飯+より
치마+**보다**	スカート+より	그림+**보다**	絵+より

① 음악을 좋아합니까?
　－아니요, 나는 음악**보다** 그림을 더 좋아합니다.
② 형은 키가 큽니까?
　－아니요, 형은 나**보다** 키가 작습니다.

練習

1 次の形容詞に丁寧形の語尾を接続してみよう。

基本形		語幹 +ㅂ니다/습니다	語幹 +ㅂ니까?/습니까?
같다	同じだ		
괜찮다	大丈夫だ		
싸다	安い		
어렵다	難しい		
차다	冷たい		
맛있다	美味しい		
아프다	痛い		
덥다	暑い		
춥다	寒い		

2 보기 例のように文を作ってみよう。

보기 저 산, 후지산, 높다　　あの山、富士山、高い

→ 저 산 이 후지산 보다 높습니다.　　→ あの山が富士山より高いです。

(1) 서울, 도쿄, 덥다　　ソウル、東京、暑い

→

(2) 고기, 생선, 맛있다　　肉、魚、美味しい

→

(3) 축구, 야구, 재미있다　　サッカー、野球、面白い

→

(4) 언니(누나), 나, 키가 작다　　姉、私、背が低い

→

(5) 형(오빠), 나, 키가 크다　　兄、私、背が高い

→

文法と表現

14-7

3 무슨 + 名詞　　何の(どんな・どういう・どの) + 名詞

連体詞　物事に対する疑問や質問の意を表します。

무슨 + 名詞			
무슨+음식	どんな+食べ物	무슨+계절	どの+季節
무슨+운동	どんな+スポーツ	무슨+공부	どういう+勉強

① 무슨 음식을 좋아합니까?
　−나는 냉면을 좋아합니다.
② 무슨 계절을 좋아합니까?
　−나는 가을을 좋아합니다.
③ 무슨 공부를 합니까?
　−한국어 공부를 합니다.

14-8

4 形容詞 + 지 않습니다　　形容詞 + くありません・くないです

慣用表現　形容詞の語幹に付いてその形容詞を否定する意を表します。

基本形		語幹 +지 않습니다	
좋다	良い	좋+지 **않습니다**	良くありません
짧다	短い	짧+지 **않습니다**	短くありません
싸다	安い	싸+지 **않습니다**	安くありません

① 날씨가 좋습니까?
　−아니요, 좋지 **않습니다.**
② 바지가 짧습니까?
　−아니요. 짧지 **않습니다.**

参考　会話体では否定の副詞「안」を用いた「안+用言」の形の否定形がよく使われます。

비싸다	高い(値段)	**안**+비싸다	高くない	**안**+비쌉니다	高くありません
높다	高い(高さ)	**안**+높다	高くない	**안**+높습니다	高くありません

➜ 詳しくはp.112の文法2を参照。

① 이 치마 비쌉니까? − 아뇨, **안** 비쌉니다.
② 산이 높습니까? − 아뇨, **안** 높습니다.

練習

3 보기 例 のように文を作ってみよう。

보기 음식, 냉면

→ 무슨 [음식] 을 좋아합니까?

[냉면] 을 좋아합니다.

料理、冷麺

→ どんな[料理]が好きですか。

[冷麺]が好きです。

(1) 계절,여름 　季節、夏

→

(2) 음악, 한국 민요 　音楽、韓国民謡

→

(3) 과일, 사과 　果物、リンゴ

→

(4) 운동, 축구 　スポーツ、サッカー

→

(5) 영화, 한국 영화 　映画、韓国映画

→

4 보기 例 のように文を作ってみよう。

보기 산, 높다,낮다

→ [산] 이 [높] 습니까?

아니요, [높] 지 않습니다.

[낮] 습니다.

山、高い、低い

→ [山]は[高い]ですか。

いいえ、[高く]ありません。

[低い]です。

(1) 값, 비싸다, 싸다 　値段、高い、安い

→

(2) 날씨, 춥다, 덥다 　天気、寒い、暑い

→

(3) 키, 크다, 작다 　背、高い、低い

→

(4) 문제, 어렵다, 쉽다 　問題、難しい、易しい

→

(5) 날씨, 좋다, 나쁘다 　天気、良い、悪い

→

ダイアローグ&作文

5 読んでみよう。

14-9

유진 ❶ 겐타 씨는 고향이 어디입니까?

겐타 ❷ 제 고향은 도쿄입니다.

유진 ❸ 도쿄의 여름 날씨는 어떻**습니까**?

겐타 ❹ 서울**보다** 더 덥**습니다**.

❺ 그리고 날씨가 **안** 좋습니다.

❻ 비가 많이 옵니다.

유진 ❼ 겐타 씨는 **무슨** 음식을 좋아합니까?

겐타 ❽ 저는 비빔밥을 좋아합니다.

❾ 점심은 매일 비빔밥만 먹습니다.

유진 ❿ 맵**지 않습니까**?

겐타 ⓫ 좀 맵습니다. 하지만 맛있습니다.

6 訳してみよう。

(1) この問題はとても難しいです。　　문제, 너무, 어렵다

➜

(2) 兄は私より背が高くありません。　　형(오빠), 키가 크다

➜

(3) 私は猫より犬が好きです。　　고양이, 개, 좋아하다

➜

(4) 韓国語の宿題は多くありません。　　한국어 숙제, 많다

➜

(5) この山が日本でいちばん高いです。　　산, 일본, 제일, 높다

➜

제15과 주말에 무엇을 합니까?

学習目標表現

1

어디 에 갑니까?
どこ に 行きますか。

도서관 에 갑니다.
図書館 に 行きます。

☞名詞＋에：～に(目的地)

15-1

2

주말 에 무엇 을 합니까?
週末 に 何 を しますか。

친구 를 만나 ㅂ니다.
友だち に 会います。

☞名詞＋에：～に(時間)

15-2

3

어디 에 갑니까?
どこ に 行きますか。

빵 을 사 러 갑니다.
パン を 買い に 行きます。

☞動詞＋(으)러：～(し)に

15-3

4

토요일 에 무엇 을 합니까?
土曜日 に 何 を しますか。

영화 를 보 고 쉬 ㅂ니다.
映画 を 見 て 休みます。

☞動詞＋고：～て

15-4

単語

ㄱㄴㅁㅂ

가다　：行く
경주　：慶州(地名)
놀다　：遊ぶ
무슨 요일：何曜日
밤　：夜
보다　：見る
빨래*　：洗濯

빵　：パン

ㅅㅇ

사다　：買う
쉬다　：休む
식사　：食事
어떻게：どのように
언제　：いつ
영화　：映画

오전　：午前
오후　：午後
이야기：話
인천　：仁川(地名)
읽다　：読む

ㅈㅎ

자다　：寝る
저녁　：夕方

전철　：電車
제주도：済州島(地名)
주말　：週末
집　：家
하다　：する

文法と表現

15-5

1　名詞 ＋ 에 ②　　名詞 ＋ に・へ

助詞　① 主に「場所を表す名詞+에 가다/오다」の形で用いられて目的地を表します。
② 時間を表す名詞に付いて、時を表します。

場所の名詞 ＋ 에 ①		時間の名詞 ＋ 에 ②	
도서관＋에	図書館＋に	주말＋에	週末＋に
은행＋에	銀行＋に	오후＋에	午後＋に

① 어디**에** 갑니까? ― 도서관**에** 갑니다.
　어디**에** 갑니까? ― 은행**에** 갑니다.
② 주말**에** 무엇을 합니까? ― 집에서 텔레비전을 봅니다.
　오후**에** 무엇을 합니까? ― 친구를 만납니다.

15-6

2　動詞の語幹 ＋ (으)러　　動詞 ＋ に

語尾　動詞の語幹に付いて動作の目的を表します。
接続　母音語幹とㄹ語幹には「-러」、子音語幹には「-으러」の形で接続します。

母音・ㄹで終わる語幹 ＋ 러				子音で終わる語幹 ＋ 으러			
사다	買う	사＋러	買い＋に	먹다	食べる	먹＋으러	食べ＋に
만나다	会う	만나＋러	会い＋に	읽다	読む	읽＋으러	読み＋に
놀다	遊ぶ	놀＋러	遊び＋に	찍다	撮る	찍＋으러	撮り＋に

① 어디에 갑니까?
　―빵을 사**러** 빵집에 갑니다.
② 어디에 갑니까?
　―책을 읽**으러** 도서관에 갑니다.

参考　ㄹパッチムウで終わる語幹を「ㄹ語幹」と言いますが、この「ㄹ語幹」の後ではパッチムのある語幹の後に付く「으」が不要でつきません。これは「으」で始まるすべての語尾に適用されます。

놀다	遊ぶ	×놀＋**으러** → ○놀＋**러**	遊び＋に	×놀＋**으면** → ○놀＋**면**	遊べ＋ば
만들다	作る	×만들＋**으러** → ○만들＋**러**	作り＋に	×만들＋**으면** → ○만들＋**면**	作れ＋ば

▶어디에 갑니까?
　― 친구 집에 놀**러** 갑니다.

練習

1 보기例のように文を作ってみよう。

보기 도서관, 책, 읽다
→ 어디에 갑니까?
도서관 에 갑니다.
책 을 읽 습니다.

図書館、本、読む
→ どこに行きますか。
図書館に行きます。
本を読みます。

(1) 식당, 밥, 먹다 — 食堂、ご飯、食べる
→

(2) 극장, 영화, 보다 — 映画館、映画、見る
→

(3) 공항, 비행기, 타다 — 空港、飛行機、乗る
→

(4) 빵집, 빵, 사다 — パン屋、パン、買う
→

(5) 학교, 한국어, 배우다 — 学校、韓国語、学ぶ
→

2 보기例のように文を作ってみよう。

보기 커피, 마시다, 커피숍
→ 커피 를 마시 러
커피숍 에 갑니다.

コーヒー、飲む、コーヒーショップ
→ コーヒーを飲みに
コーヒーショップに行きます。

(1) 과일, 사다, 시장 — 果物、買う、市場
→

(2) 신문, 읽다, 도서관 — 新聞、読む、図書館
→

(3) 축구, 하다, 학교 — サッカー、する、学校
→

(4) 기차, 타다, 서울역 — 列車、乗る、ソウル駅
→

(5) 돈, 찾다, 은행 — お金、おろす、銀行
→

文法と表現

15-7

3 요일　　曜日

월요일	화요일	수요일	목요일	금요일	토요일	일요일
月曜日	火曜日	水曜日	木曜日	金曜日	土曜日	日曜日

① 오늘은 **무슨 요일**입니까?
　– **목요일**입니다.
② 언제 경주에 갑니까?
　– **금요일**에 갑니다.

参考 よく使われる時間関係のことば

오늘	내일	모레	오전	오후	아침	낮	저녁	밤	주말
今日	明日	明後日	午前	午後	朝	昼	夕方	夜	週末

15-8

4 動詞の語幹 ＋ 고　　動詞 ＋ て

語尾　動詞の語幹に付いて動作・状態の並立や、ある動作から次の動作へと連続する意を表します。

動詞の語幹 ＋ 고							
보다	見る	보+고	見+て	마시다	飲む	마시+고	飲ん+で
먹다	食べる	먹+고	食べ+て	하다	する	하+고	し+て

① 토요일에 무엇을 합니까?
　–친구와 같이 저녁을 먹고 이야기를 합니다.
② 밤에 무엇을 합니까?
　–텔레비전을 보고 잡니다.

参考 「–고 가다/오다」の形で移動時の方法などを表します。

▶ 제주도에는 어떻게 갑니까?
　– 비행기를 타고 **갑니다**.

練習

3 보기例のように文を作ってみよう。

보기 사진, 찍다, 금요일　　写真、撮る、金曜日

→ 언제 사진 을 찍 습니까?
금요일 에 찍 습니다.

→ いつ写真を撮りますか。
金曜日に撮ります。

(1) 친구, 만나다, 수요일 저녁　　友だち、会う、水曜日の夕方

→

(2) 일본어, 가르치다, 목요일　　日本語、教える、木曜日

→

(3) 청소*, 하다, 토요일 아침　　掃除、する、土曜日の朝

→

(4) 축구, 하다, 일요일 낮　　サッカー、する、日曜日の昼

→

(5) 한국어, 배우다, 화요일　　韓国語、学ぶ、火曜日

→

4 보기例のように文を作ってみよう。

보기 영화, 보다, 저녁, 먹다　　映画、見る、夕食、食べる

→ 영화 를 보 고
저녁 을 먹 습니다.

→ 映画を見て
夕食を食べます。

(1) 식사, 하다, 커피, 마시다　　食事、する、コーヒー、飲む

→

(2) 문, 열다, 청소*, 하다　　ドア、開ける、掃除、する

→

(3) 신문, 읽다, 차, 마시다　　新聞、読む、お茶、飲む

→

(4) 숙제,하다, 음악, 듣다　　宿題、する、音楽、聞く

→

(5) 옷, 벗다, 운동, 하다　　服、脱ぐ、運動、する

→

ダイアローグ&作文

5 読んでみよう。

15-9

겐타 ❶ 이번 **일요일에** 무엇을 합니까?

유진 ❷ 친구를 만나**러** 인천**에** 갑니다.

❸ 친구와 같이 영화를 보**고** 식사를 합니다.

겐타 ❹ 인천에는 어떻게 갑니까?

유진 ❺ 전철을 타**고** **갑니다**.

❻ 겐타 씨는 일요일에 무엇을 합니까?

겐타 ❼ 저는 집에서 쉽니다.

❽ 오전에는 빨래를 하**고** 오후에는 쉽니다.

6 訳してみよう。

(1) 木曜日に飛行機に乗って済州島に行きます。　　목요일, 비행기, 제주도

→

(2) 午後は本を読みに図書館に行きます。　　오후, 책, 도서관

→

(3) 週末には兄と映画を見て食事をします。　　주말, 오빠(형), 영화, 식사

→

(4) 火曜日には学校で韓国語を学びます。　　화요일, 학교, 한국어

→

(5) 土曜日に写真を撮りに海に行きます。　　토요일, 사진, 바다

→

제16과 어디에 사십니까?

学習目標表現

1

무엇 을 하 십니까?
何 を なさい ますか。

책 을 읽 습니다.
本 を 読み ます。

☞動詞+(으)시+다：~(ら)れる、お~になる

16-1

2

무엇 을 드십니까?
何 を 召し上がりますか。

빵 을 먹습니다.
パン を 食べます。

☞敬語動詞

16-2

3

머리 가 기 ㅂ니까?
髪 が 長い ですか。

아니요. 짧 습니다.
いいえ、 短い です。

☞ㄹ脱落：リウル脱落

16-3

4

누구 에게 일본어 를 가르치 ㅂ니까?
誰 に 日本語 を 教え ますか。

아이들 에게 일본어 를 가르치 ㅂ니다.
子供たち に 日本語 を 教えます。

☞名詞+에게：~に(人)

16-4

単語

ㄱㄴㄷ

가르치다：教える
개　：犬
그분　：その方
근처　：近く
누가　：誰が
다니다：通う
드시다：召し上がる

ㅁㅂㅅ

메일　：メール
모르다：知らない
물　：水
보내다：送る
부모님：両親、親
살다　：住む
수원　：水原(地名)

ㅇㅈㅎ

아들　：息子
아침　：朝、朝食
에게　：(人)に
오다　：来る、降る
우유　：牛乳
이야기：話
일본어：日本語

자주　：よく、度々
전화　：電話
주다　：くれる
한테　：(人)に
혼자　：一人で
회사　：会社

文法と表現

16-5

1 動詞の語幹 + (으)시 + 다

動詞 + (ら)れる
お + 動詞 + になる

先語末語尾 動詞の語幹に付いて敬意を表します。

接続 母音語幹とㄹ語幹には「-시」、子音語幹には「-으시」の形で接続します。丁寧形語尾「-ㅂ니다/-ㅂ니까?」と結合して「-(으)십니다/-(으)십니까?」の形で用いられます。

母音語幹・ㄹ語幹 + 시 + 다				子音語幹 + 으시 + 다			
오+다	来る	오+시+다	来られる	읽+다	読む	읽+으시+다	お読みになる
쓰+다	書く	쓰+시+다	お書きになる	찍+다	撮る	찍+으시+다	お撮りになる

母音語幹・ㄹ語幹 + 십니다		子音語幹 + 으십니다	
오+다 → 오+십니다	来られます	읽+다 → 읽+으십니다	お読みになります
쓰+다 → 쓰+십니다	お書きになります	찍+다 → 찍+으십니다	お撮りになります

① 어디에 가**십니**까? – 도서관에 갑니다.
② 누가 오**십니**까? – 할머니가 오**십니다**.

参考1 敬語動詞

韓国語にも日本語の「おっしゃる、いらっしゃる」のように別の語を伴わずそれだけで話し手の敬意を表現できる敬語動詞があります。対応する敬語動詞があるものは尊敬の語尾「-시」を用いた敬語化はしません。

・먹다(食べる) → ×먹으시다, ○잡수시다(召し上がる)
・말하다(言う) → ×말하시다, ○말씀하시다(おっしゃる)

一般動詞		敬語動詞		一般動詞		敬語動詞	
먹다	たべる	잡수시다/드시다	召し上がる	자다	寝る	주무시다	お休みになる
마시다	飲む	드시다	召し上がる	말하다	いう	말씀하시다	おっしゃる
있다	いる	계시다	いらっしゃる				

▶ 아침에는 무엇을 **드십니까**?
– 빵과 우유를 마십니다.

参考2 相対敬語と絶対敬語

日本語のように話題になる人物が同じ人でも聞き手との関係によって尊敬語を使ったり謙譲語を使ったりと敬語の使い方を変えることを「相対敬語」、韓国語のように基本的に同じ人に対しては常に一定の敬語を使って表現することを「絶対敬語」と言います。

日本語		韓国語	
	A社:田中社長はいらっしゃいますか。		A社:金社長はいらっしゃいますか。
	B社:社長の田中は席を外しております。		B社:金社長はいまいらっしゃいません。

練習

1 次の動詞を尊敬形に活用してみよう。

基本形		語幹 +(으)시+다	語幹 +(으)십니다
가다	行く		
웃다	笑う		
오다	来る		
읽다	読む		
일하다	働く		
입다	着る		
기다리다	待つ		
앉다	座る		
배우다	学ぶ		

2 보기 例 のように文を作ってみよう。

보기 읽다, 신문
→ 무엇을 읽 으십니까?
신문 을 읽 습니다.

読む、新聞
→ 何をお 読み になりますか。
新聞 を 読み ます。

(1) 공부하다, 한국어　　勉強する、韓国語

→

(2) 쓰다, 편지　　書く、手紙

→

(3) 타다, 비행기　　乗る、飛行機

→

(4) 사다, 과일　　買う、果物

→

(5) 먹다, 냉면　　食べる、冷麺

→

文法と表現

16-6

2　ㄹ탈락　　リウル脱落

接続　用言のㄹ語幹のㄹパッチムが丁寧形語尾「-ㅂ니다」、尊敬の先語末語尾「-시-」の前で規則的に脱落します。これを「ㄹ(リウル)脱落」と言います。

基本形		語尾「-ㅂ니다」の前で語幹のㄹが脱落	
살다	住む	살+ㅂ니다 →사+ㅂ니다 → 삽니다	住んでいます
열다	開ける	열+ㅂ니다 → 여+ㅂ니다 → 엽니다	開けます
만들다	作る	만들+ㅂ니다 → 만드+ㅂ니다 → 만듭니다	作ります
길다	長い	길+ㅂ니다 → 기+ㅂ니다 → 깁니다	長いです
멀다	遠い	멀+ㅂ니다 → 머+ㅂ니다 → 멉니다	遠いです
基本形		先語末語尾「-시-」の前で語幹のㄹが脱落	
살다	住む	살+시+다 → 사+시+다 → 사+십니다	住んでいらっしゃいます
알다	知る・わかる	알+시+다 → 아+시+다 → 아+십니다	ご存知です
만들다	作る	만들+시+다 → 만드+시+다 → 만드+십니다	お作りになります

☞ハン検5級出題の「ㄹ脱落」の用言はほかに「놀다(遊ぶ), 팔다(売る), 울다(泣く)」があります。

① 어디에 **삽니까?**
　– 수원에 **삽니다.**

② 그분을 **아십니까?**
　– 아니요, 모릅니다.

16-7

3　名詞 ＋ 에게　　名詞 ＋ に

助詞　人・動物を表す名詞に付いて対象を表します。

参考　会話体では同じ意味の助詞「한테」のほうがよく用いられます。

名詞(人) ＋ 에게				名詞(人) ＋ 한테	
아들+**에게**	息子+に	개+**에게**	犬+に	친구+**한테**	友達+に
딸+**에게**	娘+に	새+**에게**	鳥+に	언니+**한테**	姉+に

① 아들**에게(한테)** 메일을 보냅니다.

② 친구**에게(한테)** 일본어를 가르칩니다.

③ 개**에게(한테)** 물을 줍니다.

練習

3 次の用言を語尾に接続してみよう。

基本形		ㄹ語幹 +ㅂ니다	ㄹ語幹 +시+다
놀다	遊ぶ		
만들다	作る		
살다	住む		
알다	わかる		
열다	開ける		
울다	泣く		
팔다	売る		
길다	長い		× ×
멀다	遠い		× ×

4 보기 例 のように文を作ってみよう。

보기 여자 친구, 꽃, 선물하다
→ 여자 친구 에게/한테 꽃 을
선물 합니다.

彼女、花、プレゼントする
→ 彼女 に 花 を
プレゼント します。

(1) 개, 우유, 주다　　犬、牛乳、あげる

→

(2) 친구, 메일, 보내다　　友だち、メール、送る

→

(3) 어머니, 전화, 하다　　母、電話、する

→

(4) 언니, 편지, 쓰다　　姉、手紙、書く

→

(5) 대학생, 일본어, 가르치다　　大学生、日本語、教える

→

ダイアローグ&作文

5 読んでみよう。

16-8

겐타 ❶ 유진 씨는 어디에 **삽니까?**

유진 ❷ 저는 학교 근처에 **삽니다.**

겐타 ❸ 부모님과 같이 삽니까?

유진 ❹ 아니요, 혼자 삽니다.

❺ 부모님은 인천에 **사십니다.**

겐타 ❻ 부모님은 무엇을 **하십니까?**

유진 ❼ 아버지는 회사에 다닙니다.

❽ 어머니는 학교 선생님입니다.

겐타 ❾ 부모님과는 자주 이야기를 합니까?

유진 ❿ 네, 어머니**에게** 자주 전화를 합니다.

6 訳してみよう。

(1) 金曜日におばあさんが来られます。 금요일, 할머니, 오다

➜

(2) 私はあの人を良く知っています。 저 사람, 잘 알다

➜

(3) 妹が姉に学校の話をします。 여동생, 언니/누나, 학교 이야기

➜

(4) 父に手紙を書きます。 아버지, 편지, 쓰다

➜

(5) パンを作ります。そして市場で売ります。 빵, 만들다, 시장, 팔다

➜

제17과 취미가 뭐예요?

学習目標表現

1

무엇 을 [읽] 어요?
何 を 読み ますか。

[책] 을 [읽] 어요.
本 を 読み ます。

☞ [用言]+아요/어요：～ます、～です

17-1

2

[집] 이 [멀] 어요?
家 が 遠い ですか。

아뇨. 안 [멀] 어요.
いいえ、 遠くありません。

☞ 안+[用言]：～ない、～くない

17-2

3

[취미] 가 뭐예요?
趣味 は 何ですか。

[여행] 이에요.
旅行 です。

☞ [名詞]+예요/이에요：～です

17-3

4

[시험] 이 [오늘] 이에요?
試験 は 今日 ですか。

[오늘] 이 아니에요. [내일] 이에요.
今日 では ありません。 明日 です。

☞ [名詞]+가/이 아니에요：～ではありません

17-4

単語

ㄱㄴㄷㅁ

꽃　：花
나무　：木
낮　：昼
내일　：明日
듣다　：聞く
만　：ばかり、だけ
멀다　：遠い
무슨　：何の、どんな
뭐　：何(무엇の縮約)

ㅂㅅㅇㅈㅊ

별로　：さほど、あまり
보다　：見る
시험　：試験
아이　：子供
안　：～ない
언제나：いつも
없다　：ない、いない
여행　：旅行
운동　：運動、スポーツ
음악　：音楽
좋아하다：好きだ
취미　：趣味

文法と表現

❑「합니다体」と「해요体」

韓国語の敬語表現には「합니다体」と「해요体」の二つの丁寧形の表現があります。かしこまった丁寧な言い方で演説、会議、発表、授業、アナウンスなど公的な場面で多く使われるのが「**합니다体**」、うちとけた丁寧な言い方で日常生活の場面で多く使われるのが「**해요体**」ですが、厳密な区別はなく、個人や場面によって、または同じ状況であっても「합니다体」と「해요体」が混合使用されることが多くあります。

これまで学習してきた「名詞+입니다/입니까」と「用言+ㅂ니다・습니다/ㅂ니까・습니까」の形が「**합니다体**」、この課で学習する「名詞+예요/이에요」、「用言+아요/어요」の形が「**해요体**」の表現です。「합니다体」は「**格式体**」、「해요体」は「**非格式体**」とも言います。

格式体	합니다体	かしこまった相手や演説・会議・発表など公式的な場で多く使われる丁寧な言い方		
		平叙形	학교에 갑니다.	学校に行きます。
			학생입니다.	学生です。
		疑問形	어디에 갑니까?	どこに行きますか。
			얼마입니까?	いくらですか。
非格式体	해요体	日常生活の場面で相手に親近感を持って使われるうちとけた丁寧な言い方		
		平叙形	학교에 가요.	学校に行きます。
			학생이에요.	学生です。
		疑問形	어디 가요?	どこに行きますか。
			얼마예요?	いくらですか。

17-5

1 用言の語幹 +아요/어요/여요 ①

動詞 + ます
形容詞 + です

語尾 用言の語幹に付いて敬意を表します。

接続 ❶ 用言の語幹の最終音節の母音が「ㅏ, ㅗ」の場合は「−아요」、❷「ㅏ, ㅗ」以外の母音の場合は「−어요」、❸ 語末が하다で終わっている用言の場合はすべて「−여요」に接続します。

❶ 語幹の母音が「ㅏ, ㅗ」の用言例	❷ 語幹の母音が「ㅏ, ㅗ」以外の用言例	❸ 語末が하다で終わっている用言例
가다　보다　앉다　높다	주다　열다　먹다　읽다	공부하다　미안하다

☞ 語尾「−다」の前の文字の母音が「ㅏ, ㅗ」なのかそれ以外なのかが「−아/어」で始まる語尾の使い分けのポイントです。

1 最終音節が「ㅏ, ㅗ」の語幹 +아요

17-6

最終音節が「ㅏ, ㅗ」の語幹+아요							
닫다	閉める	닫+아요➜닫아요	閉めます	같다	同じだ	같+아요➜같아요	同じです
앉다	座る	앉+아요➜앉아요	座ります	많다	多い	많+아요➜많아요	多いです
놀다	遊ぶ	놀+아요➜놀아요	遊びます	좋다	良い	좋+아요➜좋아요	良いです

文法と表現

縮約　パッチムのない「ㅏ,ㅗ」の母音語幹に「−아」で始まる語尾が結合すると縮約が起こります。

❶ ㅏ+아요➔ㅏ요 :語幹の母音「ㅏ」に「아」で始まる語尾が結合すると一方の「ㅏ」は脱落します。

가다	行く	➔ 가+아요 ➔ (가+아)+요 ➔ (가)요 ➔ 가요	行きます
사다	買う	➔ 사+아요 ➔ (사+아)+요 ➔ (사)요 ➔ 사요	買います
차다	冷たい	➔ 차+아요 ➔ (차+아)+요 ➔ (차)요 ➔ 차요	冷たいです

❷ ㅗ+아요➔ㅘ요 :語幹の母音「ㅗ」に「아」で始まる語尾が結合すると「ㅗ+ㅏ➔ㅘ」に縮約されます。

오다	来る	➔ 오+아요 ➔ (오+아)+요 ➔ (와)요 ➔ 와요	来ます
보다	見る	➔ 보+아요 ➔ (보+아)+요 ➔ (봐)요 ➔ 봐요	見ます

2 最終音節が「ㅏ, ㅗ」以外の語幹+어요

17-7

「ㅏ,ㅗ」が含まれていない用言の語幹+어요							
읽다	読む	읽+어요 ➔ 읽어요	読みます	멀다	遠い	멀+어요 ➔ 멀어요	遠いです
먹다	食べる	먹+어요 ➔ 먹어요	食べます	싫다	いやだ	싫+어요 ➔ 싫어요	いやです
입다	着る	입+어요 ➔ 입어요	着ます	길다	長い	길+어요 ➔ 길어요	長いです

縮約　パッチムのない「ㅓ,ㅜ,ㅣ,ㅐ」の母音語幹に「−어」で始まる語尾が接続すると縮約が起こります。

❶ ㅓ+어요➔ㅓ요 :語幹の母音「ㅓ」に「어」で始まる語尾が結合すると一方の「ㅓ」は脱落します。

서다	立つ	➔서+어요 ➔ (서+어)+요 ➔ (서)요 ➔ 서요	立ちます
건너다	渡る	➔건너+어요 ➔ 건(너+어)+요 ➔ 건(너)요 ➔ 건너요	渡ります

❷ ㅜ+어요➔ㅝ요 :語幹の母音「ㅜ」に「어」で始まる語尾が結合すると「ㅜ+ㅓ ➔ ㅝ」に縮約されます。

배우다	学ぶ	➔ 배우+어요 ➔ 배(우+어)+요 ➔ 배(워)요 ➔ 배워요	学びます
바꾸다	変える	➔ 바꾸+어요 ➔ 바(꾸+어)+요 ➔ 바(꿔)요 ➔ 바꿔요	変えます

❸ ㅣ+어요➔ㅕ요 :語幹の母音「ㅣ」に「어」で始まる語尾が結合すると「ㅣ+ㅓ ➔ ㅕ」に縮約されます。

다니다	通う	➔ 다니+어요 ➔ 다(니+어)+요 ➔ 다(녀)요 ➔ 다녀요	通います
마시다	飲む	➔ 마시+어요 ➔ 마(시+어)+요 ➔ 마(셔)요 ➔ 마셔요	飲みます

❹ ㅐ+어요➔ㅐ요 :語幹の母音「ㅐ」に「어」で始まる語尾が結合すると語尾の「어」は脱落します。

보내다	送る	➔ 보내+어요 ➔ 보(내+어)+요 ➔ 보(내)요 ➔ 보내요	送ります
끝내다	終える	➔ 끝내+어요 ➔ 끝(내+어)+요 ➔ 끝(내)요 ➔ 끝내요	終えます

3 「하다」用言の語幹「하」+여요 ➔ 하+여요 ➔ 해요

17-8

縮約　「하다」用言の語幹「하」に語尾「여요」が結合した「하+여요」は「해요」に縮約されて使われます。

「하다」用言の語幹「하」+여요 ➔ 하+여요 ➔ (하+여)요 ➔ 해요			
공부하다	勉強する	공부하+여요 ➔ 공부(하+여)요 ➔ 공부(해)요 ➔ 공부해요	勉強します
좋아하다	好きだ	좋아하+여요 ➔ 좋아(하+여)요 ➔ 좋아(해)요 ➔ 좋아해요	好きです

練習

1 次の動詞に丁寧形の語尾を接続してみよう。

動詞の語幹 +아요/어요/여요 (～ます)					
살다	住む		오다	来る	
놀다	遊ぶ		보다	見る	
받다	受ける		나오다	出てくる	
알다	わかる		먹다	食べる	
앉다	座る		벗다	脱ぐ	
팔다	売る		있다	ある・いる	
찾다	探す		읽다	読む	
닫다	閉める		찍다	撮る	
타다	乗る		입다	着る	
자다	寝る		잊다	忘れる	
가다	行く		신다	履く	
사다	買う		걸리다	かかる	
만나다	会う		만들다	作る	
나가다	出かける		넣다	入れる	
지나다	過ぎる		웃다	笑う	
끝나다	終わる		울다	泣く	
일어나다	起きる		열다	開ける	

練習

2 次の用言に丁寧形の語尾を接続してみよう。

動詞の語幹 +아요/어요/여요 (〜ます)			形容詞の語幹 +아요/어요/여요 (〜です)		
건너다	渡る		괜찮다	大丈夫だ	
서다	立つ		많다	多い	
배우다	学ぶ		짧다	短い	
나누다	分ける		작다	小さい	
주다	くれる		낮다	低い	
내리다	降りる		좋다	良い	
마시다	飲む		높다	高い	
시키다	注文する		비싸다	高い(値段)	
기다리다	待つ		차다	冷たい	
다니다	通う		없다	ない	
가르치다	教える		싫다	嫌いだ	
끝내다	終える		멀다	遠い	
보내다	送る		길다	長い	
일하다	働く		늦다	遅い	
노래하다	歌う		맛있다	美味しい	
좋아하다	喜ぶ、好きだ		미안하다	すまない	
공부하다	勉強する		죄송하다	申し訳ない	

文法と表現

17-9

2　안 + 用言　　用言 + ない/くない

副詞　否定の副詞語として用言の前にきてその用言を否定します。会話体でよく使われます。

안+動詞/形容詞					
가다	行く	➜ 안+가다	行か+ない	➜ 안+가요	行き+ません
먹다	食べる	➜ 안+먹다	食べ+ない	➜ 안+먹어요	食べ+ません
멀다	遠い	➜ 안+멀다	遠く+ない	➜ 안+멀어요	遠く+ないです

① 토요일에도 학교에 가요? – 아뇨. **안** 가요.
② 집이 멀어요? – 아뇨. **안** 멀어요.
③ 커피 좋아해요? – 아뇨. **안** 좋아해요.

注意　動作性の名詞と結合してできた「하다」動詞の場合は、その名詞と「하다」の間に「안」が来ます。

공부하다	勉強 する	➜ 공부 **안** 하다	勉強しない	➜ 공부 **안** 해요	勉強しません
운동하다	運動 する	➜ 운동 **안** 하다	運動しない	➜ 운동 **안** 해요	運動しません

① 아이가 공부(를) **안** 해요.
② 낮에는 운동(을) **안** 해요.

17-10

3　名詞 + 예요/이에요　　名詞 + です

語尾　名詞に付いて丁寧な断定、説明などの意を表します。「합니다体」は「–입니다」。
接続　母音体言には「–예요」、子音体言には「–이에요」の形で接続します。疑問形も同形です。

母音体言+예요		子音体言+이에요	
제 취미+**예요**	私の趣味+です	여행+**이에요**	旅行+です
나무+**예요**	木+です	내일+**이에요**	明日+です
언제+**예요?**	いつ+ですか	꽃+**이에요?**	花+ですか

① 취미가 뭐**예요?**
　– 여행**이에요.**
② 한국어 시험이 언제**예요?**
　– 내일**이에요.**

参考　名詞+가/이 아닙니다 ➜ 名詞+가/이 아니+**에요**：N+ではありません

▶ 이것은 무슨 꽃이에요?
　– 그것은 꽃이 아니**에요**. 나무예요.

練習

3 보기例のように文を作ってみよう。

보기 야구를 좋아하다
→ 야구를 좋아해요 ?
아뇨, 안 좋아해요 .

野球が好きだ
→ 野球が好きですか。
いいえ、好きではありません。

(1) 갔이 비싸다 値段が高い

→

(2) 눈이 오다 雪が降る

→

(3) 머리가 길다 髪が長い

→

(4) 치마가 짧다 スカートが短い

→

(5) 집이 멀다 家が遠い

→

4 보기例のように文を作ってみよう。

보기 바다/강
→ 바다 예요?
아니에요. 강 이에요.

海/川
→ 海ですか。
違います。川です。

(1) 볼펜/연필 ボールペン/鉛筆

→

(2) 개 /고양이 犬/猫

→

(3) 소금/설탕 塩/砂糖

→

(4) 은행/우체국 銀行/郵便局

→

(5) 호텔/ 아파트 ホテル/マンション

→

ダイアローグ&作文

5 読んでみよう。

17-11

겐타 ❶ 유진 씨는 취미가 뭐**예요**?

유진 ❷ 저는 영화가 취미**예요**.

❸ 주말에는 집에서 영화만 **봐요**.

겐타 ❹ 주말에 운동은 **안 해요**?

유진 ❺ 네, 운동은 별로 안 **좋아해요**.

❻ 겐타 씨는 취미가 뭐예요?

겐타 ❼ 저는 취미가 없**어요**.

❽ 주말에는 언제나 집에서
음악을 듣**고** 쉬**어요**.

6 訳してみよう。(文末はすべて「해요体」にすること。)

(1) 土曜日の午後は映画を見ます。 토요일 오후, 영화, 보다

➜

(2) これは塩ではありません。砂糖です。 소금, 설탕

➜

(3) このスカートは短くありません。 치마, 짧다

➜

(4) 姉の髪はとても長いです。 언니/누나, 머리, 길다

➜

(5) パンは好きではありません。いつもご飯を食べます。 빵, 좋아하다, 언제나, 밥, 먹다

➜

제18과 생일이 언제예요?

学習目標表現

1

생일 이 언제 예요?
誕生日 は いつ ですか。

사월 이일 이에요.
四月 二日 です。

☞漢数詞/年、月、日

18-1

2

빵집 은 몇 층 에 있어요?
パン屋 は 何階 に ありますか。

일 층 에 있어요.
1階 に あります。

☞漢数詞＋単位名詞

18-2

3

사과 는 얼마예요?
りんご は いくらですか。

삼천 원 이에요.
3000ウォン です。

☞漢数詞＋単位名詞

18-3

4

몇 번 버스 를 타요?
何番の バス に 乗りますか。

백 번 버스 를 타요.
100番の バス に 乗ります。

☞漢数詞＋単位名詞

18-4

単語

ㄱㄷㅁㅂ

가게 ：店
구두 ：くつ
대 ：対
먹다 ：食べる
며칠 ：何日
몇 월 ：何月
미역국 ：わかめスープ
버스 ：バス
번호 ：番号

ㅅㅇ

생일 ：誕生日
아침 ：朝
야구 ：野球
양말 ：靴下
얼마 ：いくら
이번주 ：今週
있다 ：ある、いる

ㅈㅊㅋ

전화 ：電話
정말 ：本当
지금 ：いま
축하합니다：おめでとう
케이크 ：ケーキ

文法と表現

18-5

1 일, 이, 삼, 사, 오…… 漢数詞

漢数詞 韓国語の数詞も漢字語の数詞と固有語の数詞があります。漢数詞は年月日、値段、長さ、重さなどを表すときに用いられます。

1	2	3	4	5	6	7	8	9	10
一	二	三	四	五	六	七	八	九	十
일	이	삼	사	오	육	칠	팔	구	십
11	12	13	14	15	16	17	18	19	20
十一	十二	十三	十四	十五	十六	十七	十八	十九	二十
십일	십이	십삼	십사	십오	십육	십칠	십팔	십구	이십
30	40	50	60	70	80	90	100	1000	10000
三十	四十	五十	六十	七十	八十	九十	百	千	万
삼십	사십	오십	육십	칠십	팔십	구십	백	천	만

☞「6」は語頭では「육」、ㄹパッチムや母音のあとでは「륙」、ㄹ以外のパッチムのあとでは「뉵」と発音します。

2 년, 월, 일 年、月、日

18-6

❑ 년 : 年

1905年	1945年	1950年	1988年	2018年
천구백오년	천구백사십오년	천구백오십년	천구백팔십팔년	이천십팔년

18-7

❑ 월 : 月

1月	2月	3月	4月	5月	6月	7月	8月	9月	10月	11月	12月
일월	이월	삼월	사월	오월	유월	칠월	팔월	구월	시월	십일월	십이월

18-8

❑ 일 : 日

1日	2日	3日	4日	5日	6日	7日	8日	9日	10日
일일	이일	삼일	사일	오일	육일	칠일	팔일	구일	십일
11日	12日	13日	14日	15日	16日	17日	18日	19日	20日
십일일	십이일	십삼일	십사일	십오일	십육일	십칠일	십팔일	십구일	이십일
21日	22日	23日	24日	25日	26日	27日	28日	29日	30日
이십일일	이십이일	이십삼일	이십사일	이십오일	이십육일	이십칠일	이십팔일	이십구일	삼십일

練習

1 次の数字を読みながら書いてみよう。

일	이	삼	사	오	육	칠	팔	구	십

2 次の数字のハングル読みを書いてみよう。

(1) 36 →

(2) 24 →

(3) 51 →

(4) 87 →

(5) 16 →

(6) 53 →

(7) 69 →

(8) 78 →

(9) 132 →

(10) 816 →

(11) 98 →

(12) 45 →

(13) 156 →

(14) 8,901 →

(15) 5,265 →

(16) 2,043 →

(17) 6,218 →

(18) 1,847 →

(19) 26,524 →

(20) 19,031 →

☞ 100は「백」、1000は「천」、「10000」は「만」と読む。普通は「일백,일천,일만」とは読まないので注意。

3 次の数字のハングル読みを書いてみよう。

(1) 1950年 6月 25日 ➜

(2) 1960年 4月 19日 ➜

(3) 1979年 10月 26日 ➜

(4) 1988年 9月 17日 ➜

(5) 2018年 2月 9日 ➜

☞ 6月は「육월」ではなく「유월」、10月は「십월」ではなく「시월」ということに注意。

☞ 2018年2月9日は「平昌(평창)冬季オリンピック」の開幕日。

文法と表現

18-9

3 단위명사 ① 漢数詞+単位名詞

単位名詞 数詞の後でものを数える単位として用いられるものを単位名詞と言います。日本語の「助数詞」に該当します。漢数詞に接続する主なものは下の表のようなものがあります。

単位名詞 / 漢数詞		층(階)	번(番)	원(ウォン)	년(年)	주일(週間)	일(日)	분(分)
일	1	일+층	일+번	일+원	일+년	일+주일	일+일	일+분
이	2	이+층	이+번	이+원	이+년	이+주일	이+일	이+분
삼	3	삼+층	삼+번	삼+원	삼+년	삼+주일	삼+일	삼+분
십	10	십+층	십+번	십+원	십+년	−	십+일	십+분
백	100	백+층	백+번	백+원	백+년	−	백+일	백+분

☞ 単位名詞は数量の疑問の連体詞「몇」と接続するとそれぞれの単位に対する疑問の意を表します。
몇+월(何月)、몇+층(何階)、몇+번(何番)、몇+년(何年)

① 오늘이 몇 월 며칠이에요?
　− 6**월** 1**일**이에요.
② 생일이 언제예요?
　− 10**월** 20**일**이에요.
③ 구두 가게는 몇 층에 있어요?
　− 2**층**에 있어요.
④ 몇 **번** 버스를 타요?
　− 105**번** 버스를 타요.

18-10

参考 電話番号の読み方

☞「0」は単独では「영」、電話番号や車のナンバーのように数字が並んでいるときは「공」と読みます。

02-3074-3805	060-0245-9876	011-2050-0843
공이에 삼공칠사에 삼팔공오	공육공에 공이사오에 구팔칠육	공일일에 이공오공에 공팔사삼
1対0	3対0	0. 5
일대 **영**	삼대 **영**	**영**점 오

① 전화 번호가 몇 번입니까?
　− **011-4067-5897** 입니다.
② 야구는 지금 **0**대 **0**이에요.

練習

4 보기 例 のように質問に答えてみよう。(数字はすべてハングル読みで書く。)

보기 이 빵은 얼마예요? (500원)　　　　このパンはいくらですか。(500ウォン)
→ 오백 원 이에요.　　　　→ 五百ウォン です。

(1) 언제 제주도에 가요? (6월 16일)　　　　いつ、済州島、行く

→

(2) 여자 옷은 몇 층에 있어요? (5층)　　　　女性服、何階

→

(3) 학생 식당은 몇 층에 있어요? (2층)　　　　学生食堂、何階

→

(4) 이 사과 얼마예요? (700원)　　　　リンゴ、いくら

→

5 次のカンレダーをみて質問に答えてみよう。

6월

일	월	화	수	목	금	토
	1	2	3	4	5 제주도	6
7	8 엄마 생일	9	10	11	12	13
14	15	16	17 친구와 식사	18	19	20 영화
21	22 한국어 시험	23	24	25	26	

(1) 언제 영화를 보러 가요?　　　　いつ、映画、見る

→

(2) 엄마 생일이 언제예요?　　　　母の誕生日、いつ

→

(3) 언제 시험이 있어요?　　　　いつ、試験

→

(4) 언제 친구와 식사를 해요?　　　　いつ、友達と食事

→

ダイアローグ&作文

6 読んでみよう。

18-11

유진 ❶ 생일이 언제예요?

겐타 ❷ 제 생일은 10월 20일이에요.

❸ 이번 주 목요일이에요.

유진 ❹ 정말이에요? 축하합니다.

겐타 ❺ 유진 씨 생일은 언제예요?

유진 ❻ 제 생일은 11월 23일이에요.

겐타 ❼ 한국 사람들은 생일에 무엇을 먹어요?

유진 ❽ 아침에 미역국을 먹어요.

❾ 그리고 케이크도 먹어요.

7 訳してみよう。(数字はすべてハングル読みで。文末は「해요体」で。)

(1) 4月2日に友だちといっしょに慶州に行きます。　　친구,같이,경주,가다

➜

(2) 次のオリンピックはいつ開かれますか。　　다음, 올림픽, 열리다

➜

(3) 学生食堂は1階にはありません。2階にあります。　　학생 식당, 층, 없다, 있다

➜

(4) 私の誕生日は7月28日です。家族といっしょに食事をします。　　생일, 가족,식사,하다

➜

(5) 1階にパン屋が、2階にくつの 店があります。　　빵집, 구두 가게, 있다

➜

제19과 한 개에 얼마예요?

学習目標表現

1

명 살이에요? 19-1
何　歳ですか。

열아홉 살이에요.
19　歳です。
☞固有語数詞

2

빵 한 개 에 얼마예요? 19-2
パン　一　個　で　いくらですか。

오백 원 이에요.
500　ウォン　です。
☞固有語数詞+単位名詞

3

고양이 가 몇 마리 있어요? 19-3
猫　は　何　匹　いますか。

세 마리 있어요.
3匹　います。
☞固有語数詞+単位名詞

4

여기 에 앉 으세요. 19-4
ここ　に　お座り　ください。

냉면 하나 주 세요.
冷麺　一つ　ください。
☞動詞+(으)세요：～てください

単語

ㄱㄴㄷㅁ

고양이 ：猫
권 ：冊
그럼 ：では
나이 ：歳、年齢
냉면 ：冷麺
닫다 ：閉める
몇 살 ：何歳
모두 ：すべて、全部で
문 ：ドア、門、扉

ㅅㅇ

삼백 ：三百
쓰다 ：書く
아이 ：子供
앉다 ：座る
여기 있어요：どうぞ
여기요 ：すみません
연세 ：お歳
원 ：ウォン

ㅈㅍ

조금 ：少し、ちょっと
종이 ：紙
주세요 ：ください
주소 ：住所
팔천 ：八千

文法と表現

19-5

1 하나, 둘, 셋, 넷…… 固有語数詞

固有語数詞　韓国語の固有語の数詞は99まで数えられます。時、年齢、個数、人数などを数えるときに用いられます。

1	2	3	4	5	6	7	8	9	10
一つ	二つ	三つ	四つ	五つ	六つ	七つ	八つ	九つ	十つ
하나	둘	셋	넷	다섯	여섯	일곱	여덟	아홉	열
(한)	(두)	(세)	(네)						
11	12	13	14	15	16	17	18	19	20
十一	十二	十三	十四	十五	十六	十七	十八	十九	二十
열하나	열둘	열셋	열넷	열다섯	열여섯	열일곱	열여덟	열아홉	스물
(열한)	(열두)	(열세)	(열네)						(스무)
30	40	50	60	70	80	90	100		
三十	四十	五十	六十	七十	八十	九十	百		
서른	마흔	쉰	예순	일흔	여든	아흔	백		

発音

① 流音化：ㄹ+ㄴ➜ ㄹ+ㄹ

열넷 ➜ [열렌]

② 添加→流音化：ㄹ+ㅇ➜ㄹ+ㄴ➜ㄹ+ㄹ

열여섯➜ [열+녀섣] ➜ [열+려섣]　　열일곱➜ [열+닐곱] ➜ [열+릴곱]

열여덟➜ [열+녀덜] ➜ [열+려덜]

注意 ① 1つ～4つ、20は(　)内の数字のように単位名詞の前で連体形になると語形が変わります。

・1個 ➜ ×하나+개　○한+개　　2個 ➜ ×둘+개　　○두+개

・3歳 ➜ ×셋+살　　○세+살　　11歳 ➜ ×열하나+살　○열한+살

② 固有語の数詞は十単位ずつ読み方が違ってくるので組み合わせの際は注意しましょう。

・5 ➜ 다섯　15 ➜ 열다섯　25 ➜ 스물다섯　35 ➜ 서른다섯　45 ➜ 마흔다섯　55 ➜ 쉰다섯

参考 年齢の読み方：固有語の数詞+살(歳)

① 나이가 몇 살이에요? － 열아홉(19)살이에요.

② 이 아이는 몇 살이에요? － 네(4)살이에요.

☞ 中年以上の年配の人の年齢を聞く場合は次のような表現が用いられます。

「연세가 어떻게 되세요?/연세가 어떻게 되십니까?」：おいくつでいらっしゃいますか。

▶ 아버지는 연세가 어떻게 되세요? － 쉰하나(51)예요. / 쉰한(51) 살이에요.

練習

1 次の固有語の数字を読みながら書いてみよう。

하나	둘	셋	넷	다섯	여섯	일곱	여덟	아홉	열

2 次の数字の固有語のハングル読みを書いてみよう。

(1) 3 →

(2) 7 →

(3) 4 →

(4) 9 →

(5) 65 →

(6) 12 →

(7) 17 →

(8) 38 →

(9) 75 →

(10) 49 →

(11) 27 →

(12) 31 →

(13) 52 →

(14) 14 →

(15) 22 →

(16) 11 →

3 家族の年齢を答えてみよう。

(1) 몇 살이에요? 何歳

➜

(2) 여동생(남동생)은 나이가 몇 살이에요? 妹(弟)、年、何歳

➜

(3) 언니(누나)는 몇 살이에요? 姉、何歳

➜

(4) 아버지는 연세가 어떻게 되세요? お父さん

➜

(5) 어머니는 연세가 어떻게 되세요? お母さん

➜

文法と表現

19-6

2 단위명사 ②

固有語数詞+単位名詞

単位名詞　数詞の後でものを数える単位として用いられるものを単位名詞と言います。日本語の助数詞に該当します。固有語の数詞に接続する主なものは下の表のようなものがあります。

単位名詞 ＼ 固有語数詞		한(一)	두(二)	세(三)	네(四)	다섯(五)	스무(二十)
개	個	한+개	두+개	세+개	네+개	다섯+개	스무+개
권	冊	한+권	두+권	세+권	네+권	다섯+권	스무+권
마리	匹・頭・羽・尾	한+마리	두+마리	세+마리	네+마리	다섯+마리	스무+마리
명	名・人	한+명	두+명	세+명	네+명	다섯+명	스무+명
장	枚	한+장	두+장	세+장	네+장	다섯+장	스무+장
번	回	한+번	두+번	세+번	네+번	다섯+번	스무+번
분	名様	한+분	두+분	세+분	네+분	다섯+분	스무+분

☞ 単位名詞は数量の疑問の連体詞「몇」と接続するとそれぞれの単位に対する疑問の意を表します。
몇+개(何個)、몇+권(何冊)、몇+마리(何匹)、몇+명(何名)、몇+장(何枚)、몇+번(何回)、몇+분(何名様)

① 빵 한 **개**에 얼마예요? − 500**원**이에요.
② 고양이가 몇 **마리** 있어요? − 3**마리** 있어요.

19-7

3 動詞の語幹 + (으)세요 ①

動詞 + てください

語尾　動詞の語幹に付いて丁寧な命令、要求、提案などの意を表します。
接続　母音語幹には「−세요」、子音語幹には「−으세요」の形で接続します。

母音語幹+세요				子音語幹+으세요			
주다	くれる	주+세요	ください	앉다	座る	앉+으세요	座ってください
쓰다	書く	쓰+세요	書いてください	닫다	閉める	닫+으세요	閉めてください

➜ p.142の文法1の用法も参照。

① 여기요. 냉면 하나하고 비빔밥 하나 주**세요**.
② 여기에 주소를 쓰**세요**.
③ 문을 닫**으세요**.

☞「−(으)세요」の「합니다体」は「−(으)십시오」の形で使われます。
▶ 여기에 앉**으십시오**.

練習

4 보기例のように質問に答えてみよう。(数字はすべてハングル読みで書く。)

보기 빵, 1개, 500원 　パン、1個、500ウォン
→ [빵 한 개]에 얼마예요? 　→ [パン1個]でいくらですか。
[500원]이에요. 　[500ウォン]です。

(1) 사과, 3개, 1500원 　リンゴ、3個、1500ウォン
→

(2) 커피, 1잔, 3500원 　コーヒー、1杯、3500ウォン
→

(3) 우유, 1잔, 500원 　牛乳、1杯、500ウォン
→

(4) 이 책, 1권, 15,000원 　本、1冊、15000ウォン
→

(5) 우표, 1장, 300원 　切手、1枚、300ウォン
→

5 次の質問に答えてみよう。

보기 이 의자에 앉다 　このいすに座る
→ [이 의자에 앉]으세요. 　→ [このいすに座っ]てください。

(1) 사진을 많이 찍다 　写真をたくさん撮る
→

(2) 301번 버스를 타다 　301番のバスに乗る
→

(3) 카메라를 보고 웃다 　カメラを見て笑う
→

(4) 빨리 질문을 하다 　早く質問する
→

(5) 우리 집에 놀러 오다 　我が家に遊びに来る
→

ダイアローグ&作文

6 読んでみよう。

19-8

유진 ❶ 이 노트 **한 권**에 얼마예요?

점원 ❷ 천 원이에요.

유진 ❸ 이 종이는 얼마예요?

점원 ❹ 그건 조금 비싸요.

❺ 한 장에 삼백 원이에요.

유진 ❻ 그럼 노트 **다섯 권**하고

종이 **열 장** 주세요.

점원 ❼ 여기 있어요. 모두 팔천 원이에요.

7 訳してみよう。(数字はすべてハングル読みで。文末は「해요体」で。)

(1) お兄さんは何歳ですか。―22歳です。　　형/오빠, 몇 살

➜

(2) 家の前に犬が1匹と猫が2匹います。　　집 앞, 개, 1마리, 고양이

➜

(3) このリンゴは3個で1500ウォンです。　　사과, 3개

➜

(4) 明日 韓国語の辞書を持って来てください。　　내일, 한국어 사전, 가지다

➜

(5) すみません。焼肉 2人前とビールを1本ください。　　불고기, 2인분, 맥주,1병

➜

제20과 수업은 몇 시부터예요?

学習目標表現

1

몇 시　예요?
何 時　ですか。

20-1

열한 시　예요.
11時　です。

☞ 시/분 : 時/分

2

수업 은　몇 시 에　끝나요?
授業 は　何時 に　終わりますか。

20-2

네 시　에　끝나요.
4時　に　終わります。

☞ 시/분 : 時/分

3

시험 은　내일　부터예요?
試験 は　明日　からですか。

20-3

아뇨.　모레　부터예요.
いいえ、　明後日　からです。

☞ 名詞+부터 : ～から

4

수업 은　몇 시　까지예요?
授業 は　何時　までですか。

20-4

열 시　부터　네 시　까지예요.
10時　から　4時　までです。

☞ 名詞+까지 : ～まで

単語

ㄱㄴㄷ

공부하다 : 勉強する
그래서 : それで
끝나다 : 終わる
내일 : 明日
다음주 : 来週
대개 : たいてい

ㅁㅂㅅ

멀다 : 遠い
몇 시 : 何時
모레 : 明後日
뭐 : 何(무엇の縮約)
미안하다 : すまない
반 : 半
부산 : 釜山(地名)
서울 : ソウル
수업 : 授業
쉽다 : 易しい
시간 : 時間

ㅇㅈ

아르바이트 : アルバイト
어렵다 : 難しい
오늘 : 今日
일주일 : 一週間
일하다 : 働く
자다 : 寝る
쯤 : 頃、くらい

文法と表現

1 固有語数詞 + 시/漢数詞 + 분　　固有語数詞 + 時 / 漢数詞 + 分

単位名詞　時計の時刻を表す「時」は固有語数詞で、「分」は漢数詞で読みます。

20-5

❏ 시：時

1시	2시	3시	4시	5시	6시	7시	8시	9시	10시	11시	12시
一時	二時	三時	四時	五時	六時	七時	八時	九時	十時	十一時	十二時
한 시	두 시	세 시	네 시	다섯시	여섯시	일곱시	여덟시	아홉시	열 시	열한시	열두시

20-6

❏ 분：分

1분	2분	3분	4분	5분	6분	7분	8분	9분	10분
一分	二分	三分	四分	五分	六分	七分	八分	九分	十分
일 분	이 분	삼 분	사 분	오 분	육 분	칠 분	팔 분	구 분	십 분
11분	12분	13분	14분	15분	16분	17분	18분	19분	20분
十一分	十二分	十三分	十四分	十五分	十六分	十七分	十八分	十九分	二十分
십일 분	십이 분	십삼 분	십사 분	십오 분	십육 분	십칠 분	십팔 분	십구 분	이십 분
21분	22분	23분	24분	25분	30분	35분	40분	50분	60분
二十一分	二十二分	二十三分	二十四分	二十五分	三十分	三十五分	四十分	五十分	六十分
이십일분	이십이분	이십삼분	이십사분	이십오분	삼십 분	삼십오분	사십 분	오십 분	육십 분

① 지금 **몇 시**예요?
　– **열한 시 십 분**이에요.

② 오늘 수업은 **몇 시**에 끝나요?
　– **오후 네 시 십 분**에 끝나요.

③ 민수 씨는 **몇 시**에 만나요?
　– **다섯 시**에 도서관에서 만나요.

④ **몇 시**에 자요?
　– 대개 **열두 시**쯤에 자요.

練習

1 보기例のように次の時刻のハングル読みを書いてみよう。

보기 6：28
→ 여섯 시 이십팔 분

6時28分
→ 六時二十八分

(1) 5：05 →

(2) 4：30 →

(3) 8：50 →

(4) 3：23 →

(5) 7：07 →

(6) 12：43 →

(7) 6：18 →

(8) 8：21 →

(9) 9：45 →

(10) 11：10 →

(11) 8：16 →

(12) 3：17 →

(13) 1：34 →

(14) 2：48 →

(15) 5：05 →

(16) 7：09 →

(17) 11：15 →

(18) 6：22 →

(19) 2：56 →

(20) 10：21 →

2 次の質問に自由に答えなさい。

(1) 몇 시에 일어나요? 起きる

→

(2) 몇 시에 아침을 먹어요? 朝食を食べる

→

(3) 몇 시에 학교에 와요? 学校に来る

→

(4) 오늘은 몇 시에 수업이 끝나요? 授業が終る

→

(5) 몇 시에 자요? 寝る

→

文法と表現

20-7

2 名詞 ＋ 부터　　名詞 ＋ から

助詞　主に時間を表す名詞に付いて時間や順序の起点を表します。

名詞 ＋ 부터			
내일＋**부터**	明日＋から	이번주＋**부터**	今週＋から
다음주＋**부터**	来週＋から	시월＋**부터**	十月＋から
가을＋**부터**	秋＋から	내년＋**부터**	来年＋から

① 시험은 언제**부터**예요?
　－ 다음주 월요일**부터**예요.
② 몇 시**부터** 일해요?
　－ 9시**부터** 일해요.
③ 내일 시간 있어요?
　－ 미안해요. 내일**부터** 1주일쯤 서울에 가요.

20-8

3 名詞 ＋ 까지　　名詞 ＋ まで

助詞　名詞に付いて時間や距離などの限度、範囲、到達点を表します。

名詞 ＋ 까지			
네 시＋**까지**	四時＋まで	회사＋**까지**	会社＋まで
월요일＋**까지**	月曜日＋まで	학교＋**까지**	学校＋まで
다음주＋**까지**	来週＋まで	공항＋**까지**	空港＋まで

① 오늘 수업은 몇 시**까지**예요?
　－ 오후 네 시 십 분에 끝나요.
② 아르바이트는 몇 시**부터** 몇 시**까지** 해요?
　－ 다섯 시**부터** 열 시**까지** 해요.

③ 집**에서** 학교**까지** 멀어요?
　－ 아니요. 멀지 않아요.

④ 어디**까지** 가십니까?
　－ 부산**까지** 갑니다.

練習

3 下の表をみて보기 例 のように文を作ってみよう。(数字はすべてハングル読みで書く。)

보기 아침을 먹다
→ 오전 일곱 시 부터 일곱 시 십 분 까지
아침을 먹 어요.

朝食を食べる
→ 午前7時 から 7時10分 まで
朝食を食べ ます。

오전	06:00～06:30	신문을 읽다	新聞を読む
	07:00～07:10	아침을 먹다	朝食を食べる
	07:40～08:30	전철과 버스를 타다	電車とバスに乗る
	09:00～14:30	학교에서 공부하다	学校で勉強する
오후	12:20～13:00	식당에서 점심을 먹다	食堂で昼食を食べる
	14:50～16:30	도서관에서 숙제를 하다	図書館で宿題をする
	17:30～22:00	아르바이트를 하다	アルバイトをする
	23:00～23:30	목욕을 하다	風呂に入る

(1) 목욕을 하다

→

(2) 학교에서 공부하다

→

(3) 아르바이트를 하다

→

(4) 도서관에서 숙제를 하다

→

(5) 전철과 버스를 타다

→

ダイアローグ&作文

4 読んでみよう。

20-9

유진 ❶ 겐타 씨, 내일 뭐 해요?

겐타 ❷ 저는 내일도 수업이 있어요.

유진 ❸ 수업이 **몇 시까지**예요?

겐타 ❹ 오후 **두 시** 반에 끝나요.

유진 ❺ 수업 끝나고 뭐 해요?

겐타 ❻ 다음주**부터** 시험이 있어요.

❼ 그래서 공부하러 도서관에 가요.

유진 ❽ 시험이 어렵습니까?

겐타 ❾ 네, 쉽지 않아요.

5 訳してみよう。(数字はすべてハングル読みで。文末は「해요体」で。)

(1) 明後日から来週の金曜日までソウルに行きます。　모레, 다음주 금요일, 서울

➜

(2) 明日は10時40分から授業があります。　내일, 수업

➜

(3) 今日は午後3時から9時まで図書館で試験勉強をします。　오늘, 도서관, 시험 공부

➜

(4) 土曜日は午後3時に友だちに会います。映画を見に行きます。　토요일, 친구, 만나다, 영화,보다

➜

(5) 午後4時まで学校で勉強をして、5時からはアルバイトをします。　학교, 공부, 아르바이트

➜

제21과 사진을 찍었어요

学習目標表現

1

무엇 을 찍 었어요?
何 を 撮り ましたか。 21-1

꽃 을 찍 었어요.
花 を 撮り ました。

☞ 用言＋았/었/였＋어요：～ました、～でした

2

시험 이 언제였어요?
試験 は いつでしたか。 21-2

어제 였어요.
昨日 でした。

☞ 名詞＋였어요/이었어요：～でした

3

학교 에는 어떻게 가요?
学校 には どのように 行きますか。 21-3

지하철 로 가요.
地下鉄 で 行きます。

☞ 名詞＋(으)로：～で(手段、方法)

4

이 버스 는 어디 로 가요?
この バス は どちら へ 行きますか。 21-4

서울역 으로 가요.
ソウル駅 へ 行きます。

☞ 名詞＋(으)로：～へ(方向)

単語

ㄱㄴㅁㅂ

가을 ：秋
꽃 ：花
눈 ：雪
눈사람 ：雪だるま
만들다 ：作る
불고기 ：焼肉
비싸다 ：高い(値段)

ㅅㅇ

사진 ：写真
산 ：山
서울역 ：ソウル駅
선물 ：プレゼント
쇠고기 ：牛肉
어떻게 ：どのように
어젯밤 ：昨夜
여동생 ：妹
오다 ：降る、来る

ㅈㅊ

좋아하다：喜ぶ、好きだ
지하철 ：地下鉄
찍다 ：撮る
처음 ：初めて
춘천 ：春川(地名)

文法と表現

21-5

1 用言の語幹 + 았/었/였 + −다/−어요/−습니다

動詞 +ました
形容詞 +かったです

先語末語尾　用言の語幹に付いて過去や完了の意を表します。

接続　❶ 用言の語幹の最終音節の母音が「ㅏ, ㅗ」の場合は「−았」、❷「ㅏ, ㅗ」以外の母音の場合は「−었」、❸ 語末が하다で終わっている用言の場合はすべて「−였」に接続します。ただ、先語末語尾なので単独では機能せず必ず「−다/−어요/−습니다」などのような語末語尾と結合して用いられます。

❶ 語幹の母音が「ㅏ, ㅗ」の用言例	❷ 語幹が「ㅏ, ㅗ」以外の用言例	❸ 語末が하다で終わっている用言例
찾다 ➜ 찾 + 았 + 다	먹다 ➜ 먹 + 었 + 다	일하다 ➜ 일하 + 였 + 다
알다 ➜ 알 + 았 + 어요	읽다 ➜ 읽 + 었 + 어요	말하다 ➜ 말하 + 였 + 어요
높다 ➜ 높 + 았 + 습니다	길다 ➜ 길 + 었 + 습니다	잘하다 ➜ 잘하 + 였 + 습니다

☞「−아/어」で始まる語尾の使い分けは 語尾「−다」の前の語幹の母音が「ㅏ, ㅗ」なのかそれ以外なのかを確認するのがポイントです。

21-6

1 最終音節が「ㅏ, ㅗ」の語幹 +았+다

最終音節が「ㅏ, ㅗ」の語幹+았+다							
닫다	閉める	닫+았+다 ➜닫았다	閉めた	같다	同じだ	같+았+다 ➜같았다	同じだった
앉다	座る	앉+았+다 ➜앉았다	座った	많다	多い	많+았+다 ➜많았다	多かった
놀다	遊ぶ	놀+았+다 ➜놀았다	遊んだ	좋다	良い	좋+았+다 ➜좋았다	良かった

縮約　パッチムのない「ㅏ, ㅗ」の母音語幹に「−았−」が結合すると縮約が起こります。

❶ ㅏ+았➜았 :語幹の母音「ㅏ」に「았」が結合すると一方の「ㅏ」は脱落します。			
가다	行く	➜ 가+았+어요 ➜ (가+았)+어요 ➜ (갔)어요 ➜ 갔어요	行きました
사다	買う	➜ 사+았+어요 ➜ (사+았)+어요 ➜ (샀)어요 ➜ 샀어요	買いました
차다	冷たい	➜ 차+았+어요 ➜ (차+았)+어요 ➜ (찼)어요 ➜ 찼어요	冷たかったです
❷ ㅗ+았➜왔 :語幹の母音「ㅗ」に「았」が結合すると「ㅗ+았➜왔」に縮約されます。			
오다	来る	➜ 오+았+어요 ➜ (오+았)+어요 ➜ (왔)어요 ➜ 왔어요	来ました
보다	見る	➜ 보+았+어요 ➜ (보+았)+어요 ➜ (봤)어요 ➜ 봤어요	見ました

21-7

2 最終音節が「ㅏ, ㅗ」以外の語幹 +었+다

「ㅏ, ㅗ」が含まれていない用言の語幹+어요							
읽다	読む	읽+었+다 ➜읽었다	読んだ	멀다	遠い	멀+었+다 ➜멀었다	遠かった
먹다	食べる	먹+었+다 ➜먹었다	食べた	싫다	いやだ	싫+었+다 ➜싫었다	いやだった
입다	着る	입+었+다 ➜입었다	着た	길다	長い	길+었+다 ➜길었다	長かった

文法と表現

縮約 パッチムのない「ㅓ,ㅜ,ㅣ,ㅐ」の母音語幹に「−어」で始まる語尾が接続すると縮約が起こります。 21-8

❶ ㅓ+었→었 ：語幹の母音「ㅓ」に「었」で結合すると一方の「ㅓ」は脱落します。

서다	立つ	➜ 서+었+어요 ➜ (서+었)+어요 ➜ (섰)어요 ➜ 섰어요	立ちました
건너다	渡る	➜ 건너+었+어요 ➜ 건(너+었)+요 ➜ 건(넜)어요 ➜ 건넜어요	渡りました

❷ ㅜ+었→웠 ：語幹の母音「ㅜ」に「었」が結合すると「ㅜ+었➜웠」に縮約されます。

배우다	学ぶ	➜ 배우+었+어요 ➜ 배(우+었)+요 ➜ 배(웠)어요 ➜ 배웠어요	学びました
주다	くれる	➜ 주+었+어요 ➜ (주+었)+요 ➜ (줬)어요 ➜ 줬어요	くれました
바꾸다	変える	➜ 바꾸+었+어요 ➜ 바(꾸+었)+요 ➜ 바(꿨)어요 ➜ 바꿨어요	変えました

❸ ㅣ+었→였 ：語幹の母音「ㅣ」に「었」が結合すると「ㅣ+었➜였」に縮約されます。

다니다	通う	➜ 다니+었+어요 ➜ 다(니+었)+요 ➜ 다(녔)어요 ➜ 다녔어요	通いました
내리다	降りる	➜ 내리+었+어요 ➜ 내(리+었)+요 ➜ 내(렸)어요 ➜ 내렸어요	降りました
마시다	飲む	➜ 마시+었+어요 ➜ 마(시+었)+요 ➜ 마(셨)어요 ➜ 마셨어요	飲みました

❹ ㅐ+었→했 ：語幹の母音「ㅐ」に「었」が結合すると「ㅐ+었➜했」に縮約されます。

보내다	送る	➜ 보내+었+어요 ➜ 보(내+었)+요 ➜ 보(냈)어요 ➜ 보냈어요	送りました
끝내다	終える	➜ 끝내+었+어요 ➜ 끝(내+었)+요 ➜ 끝(냈)어요 ➜ 끝냈어요	終えました

3 「하다」用言の語幹「하」+였+다 ➜ 하+였+다 ➜ 했다

21-9

縮約 「하다」の語幹「하」に語尾「였+다」が結合した「하+였다」は「했다」に縮約されて使われます。

		「하다」用言の語幹「하」+였+다 ➜ 하+였+다 ➜ (하+였)다➜ 했다	
공부하다	勉強する	공부하+였+다 ➜ 공부(하+였)다 ➜ 공부(했)다 ➜ 공부했다	勉強した
생각하다	思う	생각하+였+다 ➜ 생각(하+였)다 ➜ 생각(했)다 ➜ 생각했다	思った
말하다	話す	말하+였+다 ➜ 말(하+였)어요 ➜ 말(했)다 ➜ 말했어요	話しました
좋아하다	喜ぶ	좋아하+였+다 ➜ 좋아(하+였)어요 ➜ 좋아(했)어요 ➜ 좋아했어요	喜びました

① 일요일에 무엇을 **했**어요?
　– 친구와 같이 야구를 보러 **갔**어요.

② 서울은 날씨가 어때요?
　– 어젯밤에 눈이 많이 **왔**어요.

③ 시계를 누구한테 신물**했**어요?
　– 여동생한테 선물**했**어요. 아주 좋아**했**어요.

練習

1 次の動詞の過去形を作ってみよう。

動詞の語幹+았/었/였+어요 (~ました)					
살다	住む		오다	来る	
놀다	遊ぶ		보다	見る	
받다	受ける		나오다	出てくる	
알다	わかる		먹다	食べる	
앉다	座る		벗다	脱ぐ	
팔다	売る		있다	ある・いる	
찾다	探す		읽다	読む	
닫다	閉める		찍다	撮る	
타다	乗る		입다	着る	
자다	寝る		잊다	忘れる	
가다	行く		신다	履く	
사다	買う		걸리다	かかる	
만나다	会う		만들다	作る	
나가다	出かける		넣다	入れる	
지나다	過ぎる		웃다	笑う	
끝나다	終わる		울다	泣く	
일어나다	起きる		열다	開ける	

練習

2 次の用言の過去形を作ってみよう。

動詞の語幹 +았/었/였+어요 (〜ました)			形容詞の語幹 +았/었/였+어요 (〜かったです)		
건너다	渡る		괜찮다	大丈夫だ	
서다	立つ		많다	多い	
배우다	学ぶ		짧다	短い	
나누다	分ける		작다	小さい	
주다	くれる		낮다	低い	
내리다	降りる		좋다	良い	
마시다	飲む		높다	高い	
시키다	注文する		비싸다	高い(値段)	
기다리다	待つ		차다	冷たい	
다니다	通う		없다	ない	
가르치다	教える		싫다	嫌いだ	
끝내다	終える		멀다	遠い	
보내다	送る		길다	長い	
일하다	働く		늦다	遅い	
노래하다	歌う		맛있다	美味しい	
좋아하다	喜ぶ・好きだ		미안하다	すまない	
공부하다	勉強する		죄송하다	申し訳ない	

文法と表現

21-10

2 名詞 + 였어요/이었어요　名詞 + でした

語尾　名詞に付いて過去の意を表します。「합니다体」は「-였습니다/-이었습니다」。

接続　母音体言には「-였어요」、子音体言には「-이었어요」の形で接続します。疑問形も同形です。

母音体言+였어요		子音体言+이었어요	
어제+였어요	昨日+でした	여름+이었어요	夏+でした
지난주+였어요	先週+でした	처음+이었어요	初めて+でした
언제+였어요?	いつ+でしたか	금요일+이었어요	金曜日+でした

① 한국어 시험이 언제예요?
　– 벌써 끝났어요. 지난주**였어요**.

② 수업이 몇 시부터**였어요**?
　– 열 시부터**였어요**.

③ 오늘 눈사람을 만들었어요?
　– 네, 처음**이었어요**.

21-11

3 名詞 + (으)로　名詞 + で

助詞　名詞に付いて手段、方法、材料、道具などを表します。

母音体言/ㄹ体言+로		子音体言+으로	
나무+로	木+で	손+으로	手+で
쇠고기+로	牛肉+で	소금+으로	塩+で
지하철+로	地下鉄+で	숟가락+으로	スプーン+で

① 불고기는 무엇**으로** 만들어요?
　– 쇠고기**로** 만들어요.

② 학교에는 어떻게 가요?
　– 지하철**로** 갑니다.

参考　名詞+(으)로：名詞+へ、に

助詞「(으)로」は場所を表す名詞に付いて方向を表す場合にも用いられます。

① 이 버스는 어디**로** 가요?
　– 서울역**으로** 갑니다.

② 여행은 어디**로** 갔어요?
　– 부산**으로** 갔어요. 부산은 처음이었어요.

練習

3 보기 例 のように文を作ってみよう。

보기 오늘, 한국어 시험　　　　今日、韓国語試験
➜ 오늘 은 한국어 시험 이었어요.　　　　➜ 今日 は 韓国語の試験 でした。

(1) 어제, 동생 생일　　　　昨日、弟(妹)の誕生日

➜

(2) 선물, 옷과 시계　　　　プレゼント、服と時計

➜

(3) 내 생일, 지난주 토요일　　　　私の誕生日、先週の土曜日

➜

(4) 아버지, 작년까지 교사　　　　父、昨年まで教師

➜

(5) 오늘 수업, 열 시부터　　　　今日の授業、十時から

➜

4 보기 例 のように文を作ってみよう。

보기 무엇, 오다, 지하철　　　　何、来る、地下鉄
➜ 무엇 으로 왔 어요?　　　　➜ 何 で 来 ましたか。
지하철 로 왔 어요.　　　　地下鉄 で 来 ました。

(1) 무엇,만들다, 쇠고기　　　　何、作る、牛肉

➜

(2) 무슨 말,이야기하다 ,일본말　　　　何語、話す、日本語

➜

(3) 무엇, 먹다, 손　　　　何、食べる、手

➜

(4) 무엇, 찍다, 스마트폰　　　　何、撮る、スマホ

➜

(5) 어디, 가다, 바다　　　　どこ、行く、海

➜

ダイアローグ&作文

5 読んでみよう。

21-12

유진 ❶ 주말에 뭐 **했어요**?

겐타 ❷ 춘천으로 사진을 찍으러 **갔어요**.

유진 ❸ 무슨 사진을 **찍었어요**?

겐타 ❹ 산에서 가을 꽃을 많이 **찍었어요**.

유진 ❺ 혼자 **갔어요?**

겐타 ❻ 아뇨, 친구하고 같이 **갔어요**.

유진 ❼ 어떻게 **갔어요?**

겐타 ❽ 전철**로** 갔어요.

유진 ❾ 춘천까지 얼마**였어요?**

겐타 ❿ 비싸지 않았어요. 3000원쯤**이었어요**.

6 訳してみよう。(文末はすべて「해요体」にすること。)

(1) 今日外国の人と英語で話しました。　　외국 사람,영어,이야기하다

➜

(2) 地下鉄で市場に行きました。果物を買いました。　　지하철,시장,가다, 과일,사다

➜

(3) 日本語はどこで学びましたか。−ドラマで勉強しました。　　일본말,배우다,드라마, 공부하다

➜

(4) トイレは3階にはありません。4階へ行ってください。　　화장실,3층, 없다, 가다

➜

(5) 友だちが誕生日のプレゼントをくれました。時計と服でした。　　친구,생일 선물,주다,시계,옷

➜

제22과 어디에 가세요?

学習目標表現

1

무엇 을 읽 으세요?
何 を 読んで いらっしゃいますか。

신문 을 읽 어요.
新聞 を 読んで います。

☞ 動詞 +(으)세요 : ~(ら)れます

22-1

2

가족 이 몇 분 이세요?
ご家族 は 何人 でいらっしゃいますか。

다섯 명 이에요.
五人 です。

☞ 名詞 +(이)세요 : ~でいらっしゃいます

22-2

3

무슨 사진 을 찍 으셨어요?
どんな 写真 を お撮り になりましたか。

꽃 을 찍 었어요.
花 を 撮り ました。

☞ 動詞 +(으)셨어요 : ~(ら)れましたか

22-3

4

집 에서 얼마나 걸려요?
家 から どのくらい かかりますか。

지하철 로 한 시간쯤 걸려요.
地下鉄 で 1時間ぐらい かかります。

☞ 名詞 +에서 : ~から

22-4

単語

ㄱㄴㄷ

가족 : 家族
강원도* : 江原道(地)
걸리다 : かかる
교과서 : 教科書
그럼 : では
꽃 : 花
나무 : 木
다섯 명 : 五人
되다* : なる
두 시간 : 二時間

ㅁㅂㅅ

몇 분 : 何分
받다 : もらう
산 : 山
손님 : お客さん
시간 : 時間
신촌* : 新村(地)

ㅇㅈ

어떻게 : どう、どのように
어제 : 昨日
얼마나 : どのくらい
연세 : お歳
오사카 : 大阪
원주* : 原州(地)
일요일 : 日曜日
쯤 : くらい、ころ

文法と表現

22-5

1 動詞の語幹 + (으)세요 ②　　動詞 + (ら)れます

語尾　動詞の語幹に付いてその動作の主体に対する敬意を表します。

接続　母音語幹・ㄹ語幹には「-세요」、子音語幹には「-으세요」の形で接続します。疑問形も同形です。

母音語幹・ㄹ語幹 +세요				子音語幹 +으세요			
가다	行く	가+세요	行かれます	읽다	読む	읽+으세요	読まれます
오다	来る	오+세요	来られます	찾다	探す	찾+으세요	探されます

➜ p.124の文法3の用法も参照。

① 어디에 가**세요**?
　- 친구를 만나러 신촌에 가요.
② 무슨 책을 읽**으세요**?
　- 한국어 교과서를 읽어요.
③ 오늘 누가 집에 오**세요**?
　- 할머니가 오**세요**.

22-6

2 名詞 + (이)세요　　名詞 + でいらっしゃいます

語尾　名詞に付いてその主体に対する敬意を表します。

接続　母音体言には「-세요」、子音体言には「-이세요」の形で接続します。疑問形も同形です。

母音で終わる名詞 +세요			子音で終わる名詞 +이세요		
할머니	할머니+세요	おばあさんでいらっしゃいます	선생님	선생님+이세요	先生でいらっしゃいます
누구	누구+세요?	どなたですか	몇 분	몇 분+이세요?	何名様ですか

① 이분이 누구**세요**?
　- 우리 할머니**세요**.
② 가족이 몇 분**이세요**?
　- 다섯 명이에요.
③ 생일이 언제**세요**?
　- 8월 11일이에요. 다음주예요.

練習

1 보기例のように文を作ってみよう。

보기 무엇, 보다, 한국 드라마
→ 무엇 을 보 세요?
한국 드라마 를 봐 요.

何、見る、韓国ドラマ
→ 何 を ご覧 になりますか。
韓国ドラマ を 見 ます。

(1) 무엇,타다, 지하철 何、乗る、地下鉄

→

(2) 무엇, 읽다, 신문 何、読む、新聞

→

(3) 누구,만나다, 오빠(형) 誰、会う、兄

→

(4) 언제, 가다, 다음주 いつ、行く、来週

→

(5) 어디, 살다, 서울 どこ、住む、ソウル

→

2 보기例のように文を作ってみよう。

보기 저분, 누구, 제 남동생
→ 저분 은 누구 세요?
제 남동생 이에요.

あの方、誰、私の弟
→ あの方 は どなた ですか。
私の弟 です。

(1) 가족, 몇 분, 세 명 家族、何名様、3名

→

(2) 생일,언제, 다음 주 일요일 誕生、いつ、来週の日曜日

→

(3) 이분,누구,우리 할아버지 この方、誰、うちのおじいさん

→

(4) 저분,누구, 우리 학교 한국어 선생님 あの方、誰、うちの学校の韓国語の先生

→

(5) 저분,누구,의사 선생님 あの方、誰、医者先生

→

文法と表現

22-7

3 動詞 +(으)셨어요　　動詞 + (ら)れました

語尾　尊敬の語尾「-(으)시-」に過去の語尾「-었-」が結合して縮約したもので敬意を表します。

接続　母音語幹・ㄹ語幹には「-셨어요」、子音語幹には「-으셨어요」の形で接続します。疑問形も同形です。

母音語幹・ㄹ語幹 +셨어요		子音語幹 +으셨어요	
가다 ➜ 가+셨+어요	行かれました	찍다 ➜ 찍+으셨+어요	撮られました
사다 ➜ 사+셨+어요	買われました	읽다 ➜ 읽+으셨+어요	読まれました
오다 ➜ 오+셨+어요?	来られましたか?	받다 ➜ 받+으셨+어요?	もらいましたか?

① 일요일에 무엇을 **하셨어요?**
　– 친구와 같이 영화를 보고 식사를 했어요.
② 무슨 사진을 **찍으셨어요?**
　– 산에서 나무와 꽃을 찍었어요.
③ 생일에 무슨 선물을 **받으셨어요?**
　– 시계를 받았어요.

22-8

4 名詞 + 에서 ②　　名詞(場所) + から

助詞　主に場所を表す名詞に付いて起点や出発点の意を表します。

体言 +에서			
학교+**에서**	学校+**から**	서울역+**에서**	ソウル駅+**から**
서울+**에서**	ソウル+**から**	집+**에서**	家+**から**

➜ p.86の文法3の用法も参照。

① 집**에서** 회사까지 시간이 얼마나 걸려요?
　– 지하철과 버스로 한 시간쯤 걸려요.
② 누가 오셨어요?
　– 서울**에서** 손님이 오셨어요.

参考　助詞「에서」は指示代名詞「여기, 거기, 저기, 어디」の後では縮約形「-서」が用いられることが多い。

여기+**에서** ➜ 여기+**서**	ここ+**から**	어디+**에서** ➜ 어디+**서**	どこ+**から**

① 집이 여기**서** 멀어요? – 아뇨. 안 멀어요.
② 어디**서** 오셨어요? – 오사카**에서** 왔어요.

練習

3 보기例のように文を作ってみよう。

보기 무엇, 찍다, 꽃
→ 무엇 을 찍 으셨어요?
꽃 을 찍 었어요.

何、撮る、花
→ 何 を 撮り ましたか。
花 を 撮り ました。

(1) 무엇, 하다, 축구 　何、する、サッカー
→

(2) 언제,오다, 지난주 　いつ、来る、先週
→

(3) 어디,사다, 시장 　どこ、買う、市場
→

(4) 누구, 만나다, 친구 　誰、会う、友達
→

(5) 무엇,오다, 택시 　何、来る、タクシー
→

4 보기例のように文を作ってみよう。

보기 타고 오다/공항
→ 어디에서 타고 왔어요?
공항 에서 타고 왔어요.

乗ってくる/空港
→ どこから 乗ってき ましたか。
空港 から 乗ってき ました。

(1) 오다/ 미국 　来る/アメリカ
→

(2) 출발하다/ 서울역 　出発する/ソウル駅
→

(3) 보내다 / 부산 　送る/釜山
→

(4) 나오다 / 우체국 　出てくる/郵便局
→

(5) 받다/ 학교 　もらう/学校
→

ダイアローグ&作文

5 読んでみよう。

22-9

겐타 ❶ 어디에 가**세요**?

유진 ❷ 할머니 생일 선물을 사러 가요.

겐타 ❸ 할머니 연세가 어떻게 되**세요**?

유진 ❹ 일흔다섯(75)**이세요**.

겐타 ❺ 할머니와 같이 사**세요**?

유진 ❻ 아뇨, 할머니는 강원도 원주에 사**세요**.

겐타 ❼ 서울**에서** 멀어요?

유진 ❽ 네, 전철과 버스로 두 시간쯤 걸려요.

겐타 ❾ 그럼 할머니 생일에 원주에 가**세요**?

유진 ❿ 아뇨, 할머니가 어제 오**셨**어요.

6 訳してみよう。(文末はすべて「해요体」にすること。)

(1) この方がミンスさんのおばあさんですか。 이분,할머니

➜

(2) 家から空港までは時間がどのくらい かかりましたか。 집,공항, 시간,얼마나,걸리다

➜

(3) 家から学校まではどのように 来られますか。 집,학교,어떻게,오다

➜

(4) 慶州はここから電車とバスで3時間ぐらい かかります。 경주,여기,전철,버스,시간쯤,걸리다

➜

(5) 日曜日にはどこで写真をお撮りになりましたか。 일요일, 어디, 사진,찍다

➜

제23과 어디서 만날까요?

学習目標表現

1 문 을 닫 을까요?
ドア を 閉め ましょうか。

네, 닫 으세요.
はい、 閉めて ください。

☞動詞+(으)ㄹ까요：～ましょうか

23-1

2 같이 사진 을 찍 을까요?
一緒に 写真 を 撮り ましょうか。

네, 좋아요. 같이 찍 어요.
はい、 いいですよ。 一緒に 撮り ましょう。

☞動詞+아요/어요/여요：～ましょう

23-2

3 무엇 을 하 겠어요?
何 を する つもりですか。

책 을 읽 겠어요.
本 を 読む つもりです。

☞動詞+-겠-：～つもり(です)

23-3

4 밥 은 먹 었어요?
ご飯 は 食べ ましたか。

아뇨, 못 먹 었어요.
いいえ、 たべて いません。

☞못+動詞：～ない、～(ら)れない

23-4

単語

ㄱㄴㄷㅁ

- 고프다：(お腹)空く
- 기다리다：待つ
- 냉면집：冷麺屋
- 드리다*：差し上げる
- 맥주*：ビール
- 뭘*：무엇을の縮約

ㅂㅅ

- 반：半
- 배：お腹
- 빨리：早く
- 술：酒
- 시키다：注文する

ㅇㅈ

- 아이：子供
- 앉다：座る
- 앞：前
- 역：駅
- 전화：電話
- 정말：本当、本当に
- 좋아하다：喜ぶ,好きだ
- 주세요：ください
- 지금：今
- 짜장면*：ジャージャー麺

文法と表現

23-5

1 動詞の語幹 +(으)ㄹ까요?　動詞 + ましょうか

語尾　動詞の語幹に付いて提案、または相手の意向を確認する意を表します。

接続　母音語幹・ㄹ語幹には「−ㄹ까요?」、子音語幹には「−을까요?」の形で接続します。

母音語幹・ㄹ語幹 +ㄹ까요?		子音語幹 +을까요?	
가다 ➜ 가+ㄹ까요? ➜ 갈까요?	行きましょうか	읽다 ➜ 읽+을까요? ➜ 읽을까요?	読みましょうか
보다 ➜ 보+ㄹ까요? ➜ 볼까요?	見ましょうか	앉다 ➜ 앉+을까요? ➜ 앉을까요?	座りましょうか

① 뭘 드릴**까요?**
　− 짜장면 하나 주세요.

② 지금 민수 씨에게 전화할**까요?**
　− 아뇨, 내일 아침에 하세요.

参考　用言の語幹 +(으)ㄹ까요? / 名詞 +일까요?：〜でしょうか

用言の語幹や名詞に付いて疑問や推測の意としても用いられます。

① 언제쯤 끝날**까요?**　② 무엇이 좋을**까요?**　③ 저것이 무엇일**까요?**

23-6

2 動詞の語幹 + 아요/어요/여요 ②　動詞 + ましょう、てください

語尾　動詞の語幹に付いて提案や勧誘、指示などの意を表します。

接続　「ㅏ, ㅗ」語幹には「−아요」、「ㅏ, ㅗ」以外の語幹には「−어요」、「하다」動詞には「−여요」の形で接続します。☞ 詳しい接続要領は17課の文法1を参照。

ㅏ, ㅗ語幹 +아요		ㅏ, ㅗ以外の語幹 +어요	
가+아요 ➜ 같이 가+요	一緒に行きましょう	먹+어요 ➜ 같이 먹+**어요**	一緒に食べましょう
앉+아요 ➜ 여기에 앉+**아요**	ここに座りましょう	찍+어요 ➜ 같이 찍+**어요**	一緒に撮りましょう

① 몇 시에 만날까요?
　− 3시 반에 만나**요**.

② 어디에 갈까요?
　− 영화 보러 가**요**.

参考　動詞の語幹 +(으)ㅂ시다：〜ましょう

動詞に付いて勧誘の意を表します。主に女性よりは男性、若い人より中年以上で用いられ、目上の人には用いません。

① 빨리 갑**시다**.　② 여기서 사진을 찍읍**시다**.　③ 여기에 앉읍**시다**.

練習

1 보기例のように文を作ってみよう。

보기 사진, 찍다
→ 사진 을 찍 을까요?

写真、撮る
→ 写真 を 撮り ましょうか。

(1) 밥, 먹으러 가다 ご飯、食べに行く

→

(2) 내일 저녁, 만나다 明日の夕方、会う

→

(3) 문, 닫다 ドア、閉める

→

(4) 여기, 앉다 ここ、座る

→

(5) 커피, 마시다 コーヒー、飲む

→

2 보기例のように文を作ってみよう。

보기 같이 먹다
→ 같이 먹 어요
/ 먹 읍시다.

一緒に食べる
→ 一緒に食べ ましょう。

(1) 같이 밥 먹으러 가다 一緒にご飯を食べに行く

→

(2) 같이 노래하러 가다 一緒に歌いに行く

→

(3) 내일 만나다 明日会う

→

(4) 여기에 앉다 ここに座る

→

(5) 저기서 사진을 찍다 あそこで写真を撮る

→

文法と表現

23-7

3 動詞の語幹 + −겠−　　動詞 + つもり

先語末語尾　動詞の語幹に付いて意志などの意を表します。

接続　単独では使われず、後ろに「−다,−어요,−습니다,−고」などの語末語尾と結合して用いられます。

動詞の語幹+겠+어요			
가다 ➜ 가+겠+어요	行きます(行くつもりです)	먹다 ➜ 먹+겠+어요	食べます(食べるつもりです)
사다 ➜ 사+겠+어요	買います(買うつもりです)	읽다 ➜ 읽+겠+어요	読みます(読むつもりです)

① 언제 가겠어요?
　– 내일 가겠어요.
② 주말에 뭘 하겠어요?
　– 집에서 책을 읽겠어요.

参考　用言の語幹+겠+어요：～でしょう
用言の語幹に付いて推測の意としても用いられます。

① 배가 너무 고프겠어요.　② 아이가 정말 좋아하겠어요.

23-8

4 못 + 動詞　　動詞 + (ら)れない・ない

助詞　動詞の前に付いて、否定や不可能の意を表します。主に会話体で用います。

못+動詞	가다 ➜ 못+가다	行けない	먹다 ➜ 못+먹다	食べられない
	사다 ➜ 못+사다	買えない	읽다 ➜ 못+읽다	読めない

① 김치는 먹어요?
　– 아뇨, 못 먹어요.
② 친구를 만났어요?
　– 아뇨, 못 만났어요.

参考1　動詞の語幹+지 못하다：～(ら)れない
「못」否定形と同じく否定や不可能の意を表す表現で、会話体と文章体ともに用いることができます。

▶ 친구를 만났어요? – 아뇨, 만나지 못했어요.

参考2　「못」否定形と「안」否定形
「못」否定形は外的な条件や能力の不足のために「しない」、「できない」の意を、「안」否定形は意志的に、または単純に「しない」の意を表します。

▶ 친구를 만났어요? – 아뇨, 못 만났어요./아뇨, 안 만났어요.

練習

3 보기 例 のように文を作ってみよう。

보기 무엇을 만들다, 치마
→ 무엇을 만들겠어요?
치마를 만들겠어요.

何、作る、スカート
→ 何を作りますか。
スカートを作ります。

(1) 무엇을 먹다, 냉면　　何を食べる、冷麺

→

(2) 무엇을 마시다, 우유　　何を飲む、牛乳

→

(3) 몇 시에 가다, 두 시　　何時に行く、2時

→

(4) 누구를 만나다, 친구　　誰に会う、友だち

→

(5) 언제 전화하다, 내일 아침　　いつ電話する、明日の朝

→

4 보기 例 のように文を作ってみよう。

보기 사진을 찍다
→ 사진을 찍었어요?
아뇨, 못 찍었어요.

写真を撮る
→ 写真を撮りましたか。
いいえ、撮れませんでした。

(1) 선물을 사다　　プレゼントを買う

→

(2) 숙제를 다 하다　　宿題を全部やる

→

(3) 그분을 만나다　　その方に会う

→

(4) 약을 먹다　　薬を飲む

→

(5) 그 책을 읽다　　その本を読む

→

ダイアローグ&作文

5 読んでみよう。

23-9

겐타 ❶ 오늘 같이 저녁 먹**을까요?**

유진 ❷ 네, 좋아요. 같이 먹**어요.**

❸ 어디가 좋**을까요?**

겐타 ❹ 역 앞의 냉면집은 어때요?

유진 ❺ 좋아요. 그럼 거기서

여섯 시 반에 기다리**겠**어요.

겐타 ❻ 뭘 시킬**까요?**

유진 ❼ 나는 냉면을 먹겠어요.

겐타 ❽ 여기요! 냉면 두 개, 맥주 한 병 주세요.

유진 ❾ 겐타 씨, 나는 오늘은 술을 **못** 마셔요.

6 訳してみよう。(文末はすべて「해요体」にすること。)

(1) 日曜日に一緒に映画を見に行きましょうか。 일요일, 영화 보러 가다

➜

(2) 週末は何をするつもりですか。― 本を読むつもりです。 주말, 무엇,하다/ 책,읽다

➜

(3) ここで一緒に写真を撮りましょう。 여기, 같이 사진을 찍다

➜

(4) 今日は行けません。夜10時までアルバイトがあります。 오늘,가다 / 밤, 아르바이트

➜

(5) では、明日9時に駅の前で会いましょう。 그럼, 내일 ,역 앞,만나다

➜

제 24 과 무엇을 하고 싶어요?

学習目標表現

1

음식 이 맛있 지요?
料理 が 美味しい ですよね。

네, 정말 맛있 어요.
はい、本当に 美味しい です。

☞ 用言+지요(?):～ますよね、～ですよね

24-1

2

사진 을 찍 을까요?
写真 を 撮り ましょうか。

사진 이요? 좋아요.
写真 ですか。 いいですよ。

☞ 名詞+(이)요(?):～です(か)

24-2

3

어디 가 아파요 ?
どこ が 痛いですか。

머리 가 좀 아파요.
頭 が 少し 痛いです。

☞ 으脱落:ウ脱落

24-3

4

무엇 을 먹 고 싶어요?
何 が 食べ たいですか。

불고기 를 먹 고 싶어요.
焼肉 が 食べ たいです。

☞ 動詞+고 싶다:～(し)たい

24-4

単語

ㄱㄴㄷㅁ

공항 :空港
괜찮다 :大丈夫だ
그렇게 :そんなに
놀다 :遊ぶ
맞아요 :そうです
머리 :頭
모두 :みな、全部で
모레 :明後日

ㅂㅅㅇ

바다 :海
바쁘다* :忙しい
보다 :より
쉬다* :休む
아프다 :痛い
여름 :夏
요리 :料理
일 :仕事

ㅈㅋㅎ

좀 :少し、ちょっと
짧다 :短い
키 :身長、背
크다 :(背)高い
휴가* :休暇

文法と表現

24-5

1 用言の語幹 ＋지요(?) / 名詞 ＋(이)지요(?)

用言・名詞 ＋ ますよ・ですよ、ますよね・ですよね、ますか・ですか

語尾　ある事実に対して質問や確認、説明などの意を表します。

接続　用言には語幹および先語末語尾「－겠－, 시－, －았/었－」に、名詞には「(이)지요」の形で接続します。

用言の語幹 ＋ 지요(?)		名詞 ＋ (이)지요(?)	
가다 ➜ 가＋지요? ➜ 가지요?	行きますか	여기 ➜ 여기＋지요? ➜ 여기지요?	ここですよね
좋다 ➜ 좋＋지요? ➜ 좋지요?	良いですよね	저것 ➜ 저것＋이지요? ➜ 저것이지요?	あれですか

☞「－지요(?)」の訳は文の内容に沿って自然な日本語で訳すようにしましょう。

① 서울에는 언제 **가지요?**
　－내일 오후 2시 비행기로 가요.
② 날씨가 참 **좋지요?** － 네, 아주 좋아요.
③ 우체국이 **여기지요?**
　－네, 맞아요. 여기가 우체국이에요.

参考　用言の語幹 ＋죠(?) / 名詞 ＋(이)죠(?)：～ますよ・ですよ、ますよね・ですよね、ますか・ですか

語尾「－지요」は会話ではよく「－죠」に縮約されてで用いられます。

① 언제 가**죠**?　　② 날씨가 참 좋**죠**?　　③ 이것이 무엇**이죠**?

24-6

2 名詞 ＋ (이)요(?)

名詞 ＋ です(か)

助詞　体言や副詞語などに付いて説明や確認の意を表します。

接続　母音体言には「－요」、子音体言には「－이요」形で接続します。

母音体言 ＋요(?)				子音体言 ＋이요(?)			
언제＋요?	いつですか	어제＋요	昨日です	내일＋이요?	明日ですか	한 명＋이요	一人です
누구＋요?	誰ですか	나＋요	私です	저분＋이요?	あの方ですか	냉면＋이요	冷麺です

☞「－요(?)」は助詞にも接続できますが、助詞に接続の場合はパッチムの有無に関係なく「－요(?)」の形で接続します。この「－요(?)」は17課文法3の「－예요/이에요(?)」よりぞんざいな感じを与えます。

① 민수 씨를 만났어요? 언제**요?**
　－어제**요**. 공항에서 만났어요.
② 내일**이요?** 내일은 시간이 없어요.
　－그럼 모레는**요?**
　－모레**요?** 모레는 괜찮아요.

練習

1 보기 例 のように文を作ってみよう。

보기 치마가 길다 スカートが長い

→ 치마 가 길 지요? → スカート が 長い ですよね。

(1) 시험 문제가 쉽다 試験問題が易しい

→

(2) 학교가 멀다 学校が遠い

→

(3) 영어를 잘하다 英語が上手だ

→

(4) 음식이 맛있다 食べ物が美味しい

→

(5) 한국말이 어렵다 韓国語は難しい

→

2 보기 例 のように文を作ってみよう。

보기 불고기 맛있었어요? 焼肉は美味しかったですか。

→ 불고기 요? → 焼肉 ですか。

(1) 밥 먹으러 갈까요? ご飯を食べに行く

→

(2) 취미가 뭐예요? 趣味は何

→

(3) 설탕이 어느 것이에요? 砂糖はどれ

→

(4) 여기에 앉을까요? ここに座る

→

(5) 사진을 찍을까요? 写真を撮る

→

文法と表現

24-7

3 으脱落　ウ脱落

活用　「으」母音の語幹に「-아, -어」で始まる語尾が結合すると語幹の「으」母音が脱落します。これを「으脱落」と言います。

接続　❶「으」母音語幹の前の音節の母音が「ㅏ・ㅗ」の場合は「-아」で始まる語尾と、❷「ㅏ・ㅗ」以外の場合は「-어」で始まる語尾と結合します。

❶「으」母音語幹の前の音節の母音が「ㅏ・ㅗ」の場合 +「-아」で始まる語尾			
아프다	痛い	아프+아요 → 아ㅍ+아요 → 아파요	痛いです
나쁘다	悪い	나쁘+아요 → 나ㅃ+아요 → 나빠요	悪いです

❷「으」母音語幹の前の音節がないか「ㅏ・ㅗ」以外の場合 +「-어」で始まる語尾			
크다	大きい	크+어요 → ㅋ+어요 → 커요	大きいです
예쁘다	きれいだ	예쁘+어요 → 예ㅃ+어요 → 예뻐요	きれいです

① 어디가 아**파요**?
　― 머리가 좀 아**파요**.
② 아버지도 키가 **커요**?
　― 네, 가족 모두 키가 **커요**.

24-8

4 動詞の語幹 + 고 싶다　動詞 + たい

慣用表現　動詞の語幹に付いて話し手の希望、願望の意を表します。

動詞+고 싶다	가다 ➜ 가+고 **싶다**	行きたい	먹다 ➜ 먹+고 **싶다**	食べたい
	마시다 ➜ 마시+고 **싶다**	飲みたい	알다 ➜ 알+고 **싶다**	知りたい

① 여름에 어디에 가고 **싶어요**?
　― 제주도에 가고 **싶어요**.
② 뭘 먹고 **싶어요**?
　― 비빔밥을 먹고 **싶어요**.

参考　動詞の語幹+고 싶어하다：～したがる

第三者の希望、願望の意を表します。

動詞+고 싶어 하다	가다 ➜ 가+고 **싶어하다**	行きたがる	먹다 ➜ 먹+고 **싶어하다**	食べたがる
	보다 ➜ 보+고 **싶어하다**	見たがる	입다 ➜ 입+고 **싶어하다**	着たがる

▶ 언니(누나)가 한국 요리를 배우고 **싶어해요**.

練習

3 次の用言に語尾を接続してみよう。

基本形		-아요/어요	-ㅂ니다
나쁘다	悪い		
아프다	痛い		
고프다	(お腹)すく		
쓰다	書く・かける		
크다	大きい		
바쁘다*	忙しい		
기쁘다*	嬉しい		
슬프다*	悲しい		
예쁘다*	きれいだ		

4 보기例のように文を作ってみよう。

보기 비행기를 타다　　飛行機に乗る

➜ 무엇 을 타 고 싶어요?　　➜ 何 に 乗り たいですか。

비행기 를 타 고 싶어요.　　飛行機 に 乗り たいです。

(1) 주스를 마시다　　ジュースを飲む

➜

(2) 경주에 가다　　慶州に行く

➜

(3) 김 선생님을 만나다　　金先生に会う

➜

(4) 구두를 사다　　くつを買う

➜

(5) 영화를 보다　　映画を見る

➜

ダイアローグ&作文

5 読んでみよう。

24-9

민수 ❶ 혜영 씨, 휴가가 언제**지요**?

혜영 ❷ 다음 주 수요일부터 일요일까지예요.

민수 ❸ 수요일부터 일요일까지**요**?

❹ 그렇게 짧아요?

혜영 ❺ 네, 일이 좀 **바빠요**.

민수 ❻ 휴가에 무엇을 하세요?

혜영 ❼ 목요일에는 동생하고

바다에 놀러 가요.

❽ 주말에는 집에서 쉬**고 싶어요**.

민수 ❾ 동생은 학생이에요?

혜영 ❿ 네, 대학교 3학년이에요.

⓫ 나보다 키가 더 **커요**.

6 訳してみよう。(文末はすべて「해요体」にすること。)

⑴ 明日の授業は何時からですか。― 9時からです。　내일 수업,몇 시/ 아홉 시

➜

⑵ 会社までは遠いですか。― 会社ですか。遠くないです。　회사, 멀다

➜

⑶ お腹が空きませんか。ご飯 食べに行きましょう。　배가 고프다/ 밥,먹다

➜

⑷ 週末は山に行きたいです。木と花をたくさん撮りたいです。　주말,산/ 나무,꽃 ,많이 찍다

➜

⑸ 目が悪いです。それで 眼鏡をかけます。　눈,나쁘다/ 그래서, 안경,쓰다

➜

付録

アリラン(韓国民謡)

25-1

아리랑

韓国民謡

25-2

생일 축하 노래
[Happy Birthday to you]

アメリカ曲

※YouTubeで検索して動画で見てみよう。

家族・親族の呼び方

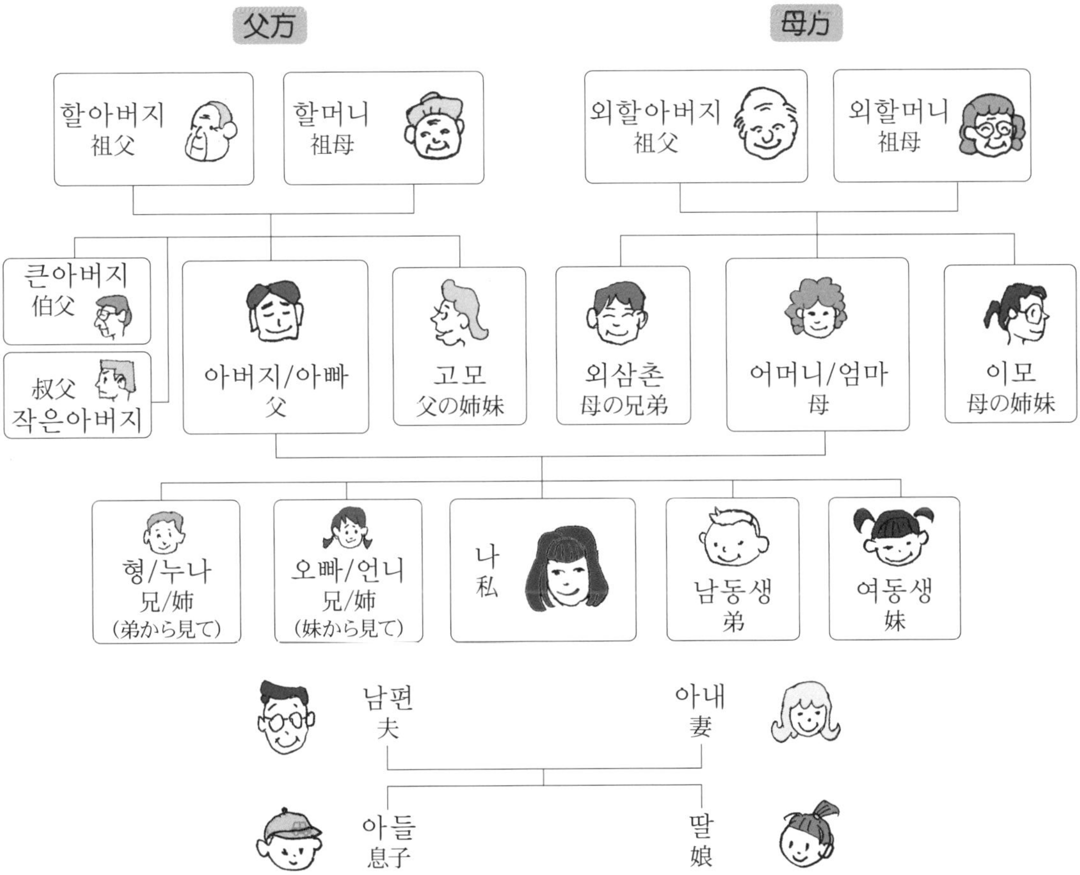

韓国の祝祭日

1月1日	旧暦1月1日	3月1日	旧暦4月8日	5月5日	6月6日
신정(新正)	설날	삼일절(3·1節)	부처님오신날	어린이날	현충일(顯忠日)

元日	旧正月	独立運動記念日	釈迦誕辰日	こどもの日	戦没者慰霊日
8月15日	旧暦8月15日	10月3日	10月9日	12月25日	
광복절(光復節)	추석(秋夕)	개천절(開天節)	한글날	성탄절(聖誕節)	※윷놀이

独立記念日	秋夕(チュソク)	建国記念日	ハングルの日	クリスマス	※ユンノリ

☞ ① 「설날」と「추석」は前後三日間の連休。
② 「설날」、「부처님오신날」、「추석」は旧暦で祝う。
③ 「신정」と「현충일」以外の祝日は振替休日が適用される。

主要発音規則

1 激音化

❶「ㄱ,ㄷ,ㅂ,ㅈ」の後に「ㅎ」がくると「ㄱ,ㄷ,ㅂ,ㅈ」＋「ㅎ」は激音「ㅋ,ㅌ,ㅍ,ㅊ」で発音される。

ㄱ,ㄷ,ㅂ,ㅈ + ㅎ → ㅋ,ㅌ,ㅍ,ㅊ

국화[구콰] 菊　입학 [이팍] 入学　급행 [그팽] 急行　맞히다[마치다] 当てる

❷ パッチム「ㅎ」の後に「ㄱ,ㄷ,ㅈ」がくると「ㅎ」＋「ㄱ,ㄷ,ㅈ」は激音「ㅋ,ㅌ,ㅊ」で発音される。

ㅎ + ㄱ,ㄷ,ㅈ → ㅋ,ㅌ,ㅊ

놓고[노코] 置いて　넣고[너코] 入れて　좋다[조타] いい　좋지요[조치요] いいですよ

2 鼻音化

❶ パッチム「ㄱ,ㄷ,ㅂ」の後に鼻音「ㄴ,ㅁ」が続くと、「ㄱ,ㄷ,ㅂ」は鼻音「ㅇ,ㄴ,ㅁ」で発音される。

ㄱ,ㄷ,ㅂ + ㄴ,ㅁ → ㅇ,ㄴ,ㅁ + ㄴ,ㅁ

작년[장년] 昨年　끝나다[끈나다] 終わる　옵니다[옴니다] 来ます　십년[심년] 十年
한국말[한궁말] 韓国語　낱말[난말] 単語　꽃만[꼰만] 花だけ　앞문[암문] 前の門

❷ パッチム「ㅁ,ㅇ」の後に「ㄹ」が来ると、「ㄹ」は「ㄴ」で発音される。

ㅁ,ㅇ + ㄹ → ㅁ,ㅇ + ㄴ

심리[심니] 心理　음력[음녁] 陰暦　종류[종뉴] 種類　정류장[정뉴장] 停留場

❸ パッチム「ㄱ,ㅂ」の後に来る「ㄹ」は、発音が「ㄴ」に変わり、変化した鼻音「ㄴ」の影響で「ㄱ,ㅂ」はそれぞれ鼻音「ㅇ,ㅁ」で発音される。

ㄱ,ㅂ + ㄹ → ㄱ,ㅂ + ㄴ → ㅇ,ㅁ + ㄴ

국립[국닙] → [궁닙] 国立　독립[독닙] → [동닙] 独立　협력[협녁] → [혐녁] 協力

3 濃音化

❶ パッチム「ㄱ,ㄷ,ㅂ」の後にくる「ㄱ,ㄷ,ㅂ,ㅅ,ㅈ」は、「ㄲ,ㄸ,ㅃ,ㅆ,ㅉ」で発音される。

ㄱ,ㄷ,ㅂ + ㄱ,ㄷ,ㅂ,ㅅ,ㅈ → ㄱ,ㄷ,ㅂ + ㄲ,ㄸ,ㅃ,ㅆ,ㅉ

학교[학꾜] 学校　약국[약꾹] 薬局　식당[식땅] 食堂　국밥[국빱] クッパ
듣기[듣끼] 聞取り　듣다[듣따] 聞く　입국[입꾹] 入国　잡담[잡땀] 雑談

옆방[엽빵] 隣の部屋　학생[학쌩] 学生　맥주[맥쭈] ビール　있습니다[읻씀니다] あります
다섯장[다섣짱] 5枚　꽃집[꼳찝] 花屋　접시[접씨] 皿　잡지[잡찌] 雑誌

❷ パッチム「ㄴ,ㄹ,ㅁ,ㅇ」の後に「ㄱ,ㄷ,ㅂ,ㅅ,ㅈ」が来ると、「ㄲ,ㄸ,ㅃ,ㅆ,ㅉ」で発音される。

ㄴ, ㄹ + ㄱ, ㄷ, ㅂ, ㅅ, ㅈ → ㄴ, ㄹ + ㄲ, ㄸ, ㅃ, ㅆ, ㅉ

안과[안꽈] 眼科　손등[손뜽] 手の甲　문법[문뻡] 文法　발가락[발까락] 足の指
발달[발딸] 発達　달밤[달빰] 月夜　한자[한짜] 漢字　글자[글짜] 文字

ㅁ, ㅇ + ㄱ, ㄷ, ㅂ, ㅅ, ㅈ → ㅁ, ㅇ + ㄲ, ㄸ, ㅃ, ㅆ, ㅉ

밤길[밤낄] 夜道　심다[심따] 植える　밤비[밤삐] 夜雨　성격[성껵] 性格
용돈[용똔] 小遣い　등불[등뿔] 灯火　점수[점쑤] 点数　밤중[밤쭝] 夜中
방세[방쎄] 部屋代　빵집[빵찝] パン屋　장점[장쩜] 長所

❸ 語尾「-(으)ㄹ」の後に来る「ㄱ,ㄷ,ㅂ,ㅅ,ㅈ」は「ㄲ,ㄸ,ㅃ,ㅆ,ㅉ」で発音される。

ㄹ + ㄱ, ㄷ, ㅂ, ㅅ, ㅈ → ㄹ + ㄲ, ㄸ, ㅃ, ㅆ, ㅉ

갈 거예요[갈꺼예요] 行くつもりです　갈 수 있다[갈쑤읻따] 行ける　살 집[살찝] 住む家

4 口蓋音化

パッチム「ㄷ,ㅌ」の後に「ㅣ」の母音が来ると、「ㄷ,ㅌ」は「ㅈ,ㅊ」と発音される。

ㄷ, ㅌ + 이 → 지, 치

굳이[구지] 敢えて　같이[가치] 一緒に　끝이[끄치] 終わりが　밑이[미치] 下が

☞「이」以外に「히」がパッチム「ㄷ」と結合する場合も「치」と口蓋音化する。
닫히다 [다치다] 閉まる　묻히다[무치다] 埋もれる

5 流音化

パッチムと初声の組合せが「ㄴ+ㄹ」か「ㄹ+ㄴ」の場合、「ㄴ」はどちらも「ㄹ」で発音される。

ㄴ + ㄹ → ㄹ + ㄹ

편리[펼리] 便利　연락[열락] 連絡

ㄹ + ㄴ → ㄹ + ㄹ

설날[설랄] 元日　일년[일련] 一年

6 絶音化

パッチムの後に母音「ㅏ,ㅓ,ㅗ,ㅜ,ㅟ」で後続単語がある場合は、前のパッチムがそのまま連音せず、その代表音が連音される。

ㅋ ➜ ㄱ ➜ 連音

ㅌ, ㅅ, ㅈ, ㅊ ➜ ㄷ ➜ 連音

ㅍ ➜ ㅂ ➜ 連音

부엌 안 → 부억+안[부어간] 台所の中
꽃 위 → 꼳+위[꼬뒤] 花の上
잎 위 → 입+위[이뷔]葉の上
맛 없다 → 맏+업따[마덥따] まずい
몇 월 → 멷+월[며둴] 何月

☞「맛있다」は[마딛따]に発音すべきだが、実際は「마싣따」で発音されることが多いので両方とも標準発音としている。

7「ㄴ(ニウン)」添加

前の単語のパッチムの後に、後続の単語の初音節が「야,여,요,유,이」の場合は「ㄴ」音が添加されて「니,냐,녀,뇨,뉴」で発音する。

パッチム + 이, 야, 여, 요, 유 ➜ パッチム + 니, 냐, 녀, 뇨, 뉴

부산+역[부산녁] 釜山駅　무슨+요일[무슨뇨일] 何曜日　열+여섯[열녀섣]→[열려섣]十六
볼 일[볼닐]→[볼릴] 用事　못 읽어요→ [몯+일거요]→[몯+닐거요] →[몬닐거요] 読めません

8「ㅎ(ヒウッ)」の脱落と弱化

❶「ㅎ」の脱落：パッチム「ㅎ」は母音で始まる語尾や接辞の前では脱落し、発音しない。

많이[마니] たくさん　싫어요[시러요] 嫌です　좋아요[조아요] よいです

❷「ㅎ」の弱化：パッチム「ㄴ,ㅁ,ㅇ,ㄹ」や母音の後に初声「ㅎ」が続くと、「ㅎ」は有声音化して弱く発音されるか(無声音のㅎ[h]から有声音化したㅎ[ɦ]へ)、随意的に脱落して発音される。

전화[ʧənɦwa][전화/저놔] 電話
영화[jəŋɦwa][영화/영와] 映画
고향[koɦjaŋ][고향/고양] 故郷
지난해[ʧinanɦɛ]지난해[지난해/지나내] 去年
결혼[kjərɦon][결혼/겨론] 結婚
지하철[ʧiɦaʧ^{h}əl][지하철/지아철] 地下鉄

あいさつ・よく使う表現（ハングル検定5級出題）

☞ 5級では以下のリストの範囲内で、あいさつなどの表現について問う問題が出題されます。

25-3

項目		意味(代表訳)
1	안녕하십니까?/안녕하세요?	おはようございます/ こんにちは/こんばんは
2	안녕히 가십시오/ 안녕히 가세요	(去る人に対して)さようなら
3	안녕히 계십시오/ 안녕히 계세요	(その場に留まる人に対して)さようなら
4	처음 뵙겠습니다	はじめまして
5	반갑습니다/ 반가워요	(お会いできて)うれしいです
6	만나서 반갑습니다	お会いできてうれしいです
7	어서 오십시오/ 어서 오세요	いらっしゃいませ
8	오래간만입니다/ 오래간만이에요	お久しぶりです
9	잘 부탁합니다/ 잘 부탁해요	よろしくお願いします
10	잘 부탁드리겠습니다/ 잘 부탁드리겠어요	よろしくお願いいたします
11	또 만납시다/ 또 만나요	また会いましょう/ ではまた…
12	또 봐요	また会いましょう/ ではまた…
13	또 뵙겠습니다	それでは、また…
14	축하합니다/ 축하해요	おめでとうございます
15	감사합니다	ありがとうございます
16	고맙습니다/ 고마워요	ありがとうございます
17	천만에요	とんでもないです/ どういたしまして
18	미안합니다/ 미안해요	すみません/ ごめんなさい
19	죄송합니다/ 죄송해요	申し訳ありません
20	괜찮습니다/ 괜찮아요	構いません/ 大丈夫です/ 結構です
21	많이 드십시오/ 많이 드세요	たくさん召し上がってください
22	실례합니다	失礼します
23	실례합니다만	失礼ですが…/ すみませんが…
24	성함이 어떻게 되십니까?/성함이 어떻게 되세요?	お名前は何とおっしゃいますか
25	연세가 어떻게 되십니까?/연세가 어떻게 되세요?	おいくつでいらっしゃいますか
26	그렇습니까?/그래요?	そうですか
27	그렇습니다/그래요	そうです
28	맞습니다/맞아요	そうです/ その通りです
29	모릅니다/몰라요	知りません/分かりません
30	모르겠습니다/모르겠어요	知りません/分かりません
31	알겠습니다/알겠어요	承知しました/分かりました
32	알았습니다/알았어요	分かりました
33	어떠세요?	いかがですか
34	어떻습니까?/어때요?	どうですか/いかがですか
35	여기요/ 저기요	(人を呼びかけるとき)すみません
36	여보세요	もしもし/すみません
37	잠깐만요	少々お待ちください
38	네/예	はい
39	아뇨/아니요	いいえ
40	잘 못합니다/ 잘 못해요	よくできません/ 下手です
41	잘합니다/ 잘해요	よくできます/ 上手です

助詞一覧（ハングル検定5級出題）

☞ 5級では以下のリストの範囲内で、助詞について問う問題が出題されます。

助詞			意味・用例
1	가,이	① 主語を表す	～が
		눈**이** 옵니다. 내**가** 가겠습니다.	雪が降ります。 私が行きます。
		② 否定の対象を表す	～で（ない）
		책상**이** 아닙니다. 시계**가** 아닙니다.	机ではありません。 時計ではありません。
2	같이	比較・例示を表す	～のように、～のごとく
		고추**같이** 맵습니다. 매일 소**같이** 일만 해요.	唐辛子のように辛いです。 毎日牛のように働いてばかりいます。
3	까지	① 時間的・空間的限度を表す	～まで
		한 시**까지** 수업이 있어요. 학교**까지** 버스로 갑니다.	1時まで授業があります。 学校までバスで行きます。
		② 付加	～さえ(も)
		비**까지** 내리기 시작했어요.	雨さえ降りだしました。
4	는, 은	① 主題を表す	～は
		이것은 냉면입니다.	これは冷麺です。
		② 対比を表す	～は
		이것은 비싸고 저것은 싸요.	これは高くてあれは安いです。
		③ 아니다を伴って	～では
		시험이 내일은 아니다.	試験は明日ではない。
5	도	① 追加・添加を表す	～も
		밥도 먹고 술도 마셨어요.	ご飯も食べて酒も飲みました。
		② 二つ以上のことを羅列する	～も
		이것도 저것도 다 좋아요.	あれもこれもみんないいです。
6	만	範囲の限定を表す	～だけ、～ばかり
		사과를 한 개**만** 주세요. 매일 빵**만** 먹어요.	りんごを一つだけください。 毎日パンばかり食べています。
7	보다	比較の対象を表す	～より
		이것**보다** 저것이 싸고 좋다.	これよりあれが安くて良いです。
8	부터	① 時間の起点を表す	～から
		내일**부터** 시험이 시작됩니다.	明日から試験が始まります。
		② 順序を表す	～から
		이 방**부터** 청소해 주십시오.	この部屋から掃除してください。
9	서	「에서」縮約形	～で、～から
		여기**서** 기다리세요. 어디**서** 왔어요?	ここで待ってください。 どこから来ましたか。
10	에	① 場所を表す	～に
		학교 앞**에** 있어요.	学校の前にいます。
		② 目的地・方向を表す	～に
		회사**에** 갑니다.	会社に行きます。
		③ 時間を表す	～に
		토요일**에** 만나요.	土曜日に会います。
		④ 対象を表す	～に
		아침마다 나무**에** 물을 줍니다.	毎朝木に水をやります。
		④ 原因・理由を表す	～で
		바람**에** 꽃잎이 떨어졌어요.	風で花びらが落ちました。

	에	⑤ 単位を表す	～で
		한 개에 500원입니다.	一個で500ウォンです。
		⑥ 環境・条件を表す	～の中で
		이 추위에 어떻게 지냈어요?	この寒さの中でどう過ごしましたか。
		⑦ 添加	～に
		커피에 설탕을 넣습니다.	コーヒーに砂糖を入れます。
11	에게	対象を表す	～に(必ず人・動物を表す名詞に接続)
		친구에게 전화를 합니다.	友達に電話をします。
12	에서	① 場所を表す	～で
		극장에서 영화를 보았습니다.	映画館で映画を見ました。
		② 場所の起点を表す	～から
		집에서 학교까지 멀어요?	家から学校まで遠いですか。
13	와, 과	① 羅列を表す	～と
		의자와 책상 /연필과 지우개	いすと机 /鉛筆と消しゴム
		② 動作・作用の共同者を表す	～と
		친구와 차를 마십니다.	友達とお茶を飲みます。
14	을, 를	① 目的を表す	～を
		도서관에서 책을 읽습니다.	図書館で本を読みます。
		② 動作性名詞+를 가다	～に(行く)
		제주도로 여행을 갑니다	済州島へ旅行に行きます。
		일요일에 낚시를 갑니다	日曜日は釣りに行きます。
		③ 対象	～に(会う)
		내일은 친구를 만납니다	明日は友達に会います。
		④ 好悪	～が(好きだ)
		나는 야구를 좋아합니다	私は野球が好きです。
15	의	所有・関係・所属等を表す	～の
		동생의 옷입니다. 저 학교의 학생입니다.	弟の服です。 あの学校の学生です。
16	하고	① 羅列を表す	～と(話し言葉的)
		지우개하고 연필/　책상하고 의자	消しゴムと鉛筆/　机といす
		② 動作・作用の共同者を表す	～と
		친구하고 영화를 보았습니다.	友達と映画を見ました。
		③ 比較の対象を表す	～と
		이 책하고 같은 내용입니다.	この本と同じ内容です。
17	한테	対象を表す	～に(話し言葉的) (必ず人・動物を表す名詞に接続)
		여동생한테 인형을 선물했어요.	妹に人形をプレゼントしました。
18	(으)로	① 手段・方法・道具・材料を表す	～で、～によって、～を使って
		전철로 갑니다.	電車で行きます。
		연필로 씁니다.	鉛筆で書きます。
		② 方向を表す	～へ、～に
		이 기차는 부산으로 갑니다.	この列車は釜山へ行きます。
		③ 資格を表す	～として
		여기서 의사로 일을 합니다.	ここで医者として働いています。
19	(이)라고	引用を表す	～と、～だと(言う…)
		"싫어요" 라고 말했다.	「いやです」と言った。
		김영민이라고 합니다	金ヨンミンといいます。
20	(이)요(?)	確認・終結	～です(か?)
		언제요?/내일이요.	いつですか。/ 明日です。

主要語尾・慣用表現リスト（ハングル検定5級出題）

☞ 5級では以下のリストの範囲内で、 語尾、慣用表現などについて問う問題が出題されます。

	語尾	意味		説明箇所
1	V+-(으)ㄹ까요? ①	誘い、提案、意志の確認	～しましょうか	23課文法1
2	V+-(으)세요(?) ① N+-(이)세요(?)	敬意	～なさいます(か?)、 ～ でいらっしゃいます(か?)	22課文法1, 2
3	V+-(으)세요 ②	丁寧な要求、命令、指示	お/ご～ください、 ～してください	19課文法3
4	N+-예요/-이에요(?)	丁寧な断定、質問	～です(か?)	17課文法3
5	VA+-았-/-었-/-였-	①過去時制 ②結果・状態の持続	①～した/だった ②～している	21課文法1
6	VA+-아요(?)/어요(?)/ -여요(?)	敬意（現在・未来時制） ①叙述・疑問 ②進行	①～します(か?)/～です(か?) ②～しています(か?)	17課文法1
7	V+-겠-	意志	～するつもりだ	23課文法3
8	V+-고	①列挙 ②完了 ③方法、状態持続	①～して、～で、～くて ②～してから ③～して、 ～した状態で	15課文法4
9	V+-ㅂ니까?/ -습니까?	敬意（現在・未来時制） ①疑問 ②進行	①～{します/です}か? ②～していますか?	13課文法1
10	V+-ㅂ니다/ -습니다	敬意（現在・未来時制） ①疑問 ②進行	①～します、～です ②～しています	13課文法1
11	V+-지요(?)/ -죠 (?)【縮】	①説明 ②(疑問詞を伴って)確認 ③確認	①～しますよ/～ですよ ②～しますかね/～ですかね? ③～しますよね/～ですよね?	24課文法1

	慣用表現	意味		説明箇所
1	N+-(이)라고 하다	引用、紹介	～と言う、 ～と申す	10課文法3
2	V+-고 가다 V+-고 오다	方法、状態持続	～して行く ～して来る	15課文法4参考
3	V+-고 싶다	希望	～したい	24課文法4
4	N+-와/과 같이①	共同	～と共に、～と一緒に	13課ダイアローグ⑥ 15課文法4① 15課,22課ダイアローグ
5	안+VA	否定	～しない ～くない	17課文法2
6	N+-와/과 같이②	①比較、同様 ②比喩、例え	①～と同じく、～(の)とおりに ②～のように	※5級レベルでは難しい表現で既出試験での主要な出題例はほとんどない。
7	N+-와/과 같다	①比較 ②比喩、例え	①～と同じだ、～(の)とおりだ ②～のようだ、～みたいだ	
8	N+-와/과 같은	①同様 ②比喩、例え	①～と同じ、～(の)とおりの ②～のような、～みたいな	
9	N+끝에	結果	～の末に、～の終わりに	

主要連語リスト（ハングル検定5級出題）

25-4

ㄱ

가방에 넣다	かばんに入れる
가을이 되다	秋になる
가을이 오다	秋が訪れる
감기에 걸리다	風を引く
값이 내리다	値段が下がる
값이 비싸다	値段が高い
같아요	同じです
같았어요	同じでした
같이 하다	共にする
구두를 신다	くつを履く
글을 쓰다	文章を書く
기분이 나쁘다	気持ち悪い
기차를 타다	列車に乗る

ㄴ ㄷ

날씨가 나쁘다	天気が悪い
날씨가 좋다	天気が良い
눈물이 나다	涙が出る
눈이 내리다	雪が降る
눈이 오다	雪が降る
다리가 길다	脚が長い
다시는	二度と
더 많이	もっと多く
더 잘	もっとうまく
돈을 쓰다	金を使う
돈을 찾다	金をおろす
두 번째	二番目

ㅁ

마음속	心の中
마음이 아프다	胸が痛い
마음이 좋다	人がいい、おもいやりがある
말소리	話し声
말을 안 듣다	言うことを聞かない
맛을 보다	味見をする
매일 같이	毎日のように
무슨 요일	何曜日
문을 닫다	① ドアを閉める ② 営業を終える
문을 열다	① ドアを開ける ② 営業を始める
물을 마시다	水を飲む

ㅂ

바지를 벗다	ズボンを脱ぐ
바지를 입다	ズボンを履く
배가 고프다	お腹がすく
배가 나오다	お腹が出てくる
버스를 타다	バスに乗る
병에 걸리다	病気になる
병이 나다	病気になる
불이 나다	火事になる
비가 내리다	雨が降る
비가 오다	雨が降る

ㅅ

사진을 찍다	写真を撮る
소리가 나다	音がする
소리를 내다	音を出す
시간이 지나다	時間が過ぎる
시켜 먹다	出前をとる、注文して食べる
시험을 보다	試験を受ける
신발을 신다	履き物をはく

ㅇ

아래위/위쪽/위층	上下/上の方/上の階
아이를 가지다	妊娠する
안경을 벗다	眼鏡をはずす
안경을 쓰다	眼鏡をかける
약을 먹다	薬を飲む
양말을 벗다	靴下を脱ぐ
양말을 신다	靴下を履く
여행을 가다	旅行に行く
연필로 쓰다	鉛筆で書く
옷을 입다	服を着る
우산을 쓰다	傘をさす
음식을 만들다	料理を作る
음식을 하다	料理を作る
이름을 쓰다	名前を書く
이름이 나다	有名になる
이번에	今度
일을 보다	用を足す

ㅈ ㅊ

잘 있다	元気だ
전화가 오다	電話がかかってくる
지하철을 타다	地下鉄に乗る
집에 오다	家に帰って来る
집을 찾다	家を探す
차를 세우다	車を止める
차를 타다	車に乗る

ㅋ ㅎ

키가 작다	背が低い
키가 크다	背が高い
학교에 다니다	学校に通う
한잔 마시다	一杯飲む（酒、お茶）

ハングル検定5級模擬テスト（筆記編）

☞ ハングル検定試験は6月と11月の年２回実施されている。５級は筆記６０点、聞き取り40点の100点満点中、60点以上の得点で合格になる。最新の情報はHP(http://www.hangul.or.jp/)で確認できる。

1 発音どおり表記したものを①～④の中から1つ選びなさい。1点×3問

☞ 発音問題が3問出題される。発音は①「連音化」(금요일[그묘일])、②語尾「ㅂ니다/ㅂ니까」などの音変化(갑니다[감니다])、③濃音化(책상[책쌍])、④「ㅎの弱化・脱落」(싫어요[시러요])の範囲の中で出題される。
➜ 付録の「主要発音規則解説」を参照。

1) 앉아요
① [안자요]　② [안나요]　③ [아자요]　④ [안짜요]

2) 잊다
① [읻따]　② [읻다]　③ [익따]　④ [읻타]

3) 높습니다
① [놈슴미다]　② [놉씀니다]　③ [노픔니다]　④ [높씀미다]

2 次の日本語の意味を正しく表記したものを①～④の中から1つ選びなさい。1点×４問

☞ 綴り、正書法の問題が4問出題される。5級語彙リストの中の単語が正書法に則して書けるかどうかが問われる。
➜ 付録の「韓日単語リスト」(＝「5級語彙リスト」)を参照。

1) 趣味
① 추미　② 치미　③ 취미　④ 슈미

2) 初めて
① 초움　② 처움　③ 처음　④ 초음

3) めがね
① 앙경　② 앙견　③ 안견　④ 안경

4) はやく
① 팔리　② 빨리　③ 발리　④ 빠리

3 次の日本語に当たるものを①～④の中から一つ選びなさい。1点×５問

☞ 単語の意味を知っているかを確認する問題が5問出題される。出題は5級語彙リストの語彙に限られる。
➜ 付録の「韓日単語リスト」(＝「5級語彙リスト」)を参照。

1) 果物
① 과일　② 마음　③ 교실　④ 선물

2) 午後3時
① 오후 네 시　② 오전 세 시　③ 오전 네 시　④ 오후 세 시

3) 高い
① 낮다　② 놓다　③ 높다　④ 넣다

4) 誕生日
① 선물　② 생일　③ 손님　④ 생선

5) すぐ

① 또　② 먼저　③ 곧　④ 다시

4 (　)の中に入れるのに適切なものを①～④の中から一つ選んでください。 2点×5問

☞ 短文の意味を理解しているかを確認する問題が5問出題される。出題は5級語彙リストの語彙に限られる。

➜ 付録の「韓日単語リスト」、「主要連語リスト」を参照。

1) (　　　　　　)에서 전철을 탑니다.

① 은행　② 역　③ 교실　④ 방

2) (　　　　　　) 친구를 만났어요.

① 지난주에　② 다음주에　③ 모레　④ 내일

3) (　　　　　　)를/을 신었습니다.

① 바지　② 양말　③ 치마　④ 옷

4) 고양이가 두 (　　　　　　) 있어요.

① 분　② 개　③ 마리　④ 권

5) 지난달부터 친구하고(　　　　　　) 한국어를 배워요.

① 언제　② 너무　③ 아주　④ 같이

5 (　)の中に入れるのに適切なものを①～④の中から一つ選んでください。 2点×4問

☞ 対話文の意味を理解しているかを確認する問題が4問出題される。出題は5級語彙リストの語彙に限られる。

➜ 付録の「韓日単語リスト」、「主要連語リスト」、「主要語尾・慣用表現リスト」を参照。

1) A：감기에 걸렸어요.

B：(　　　　　　)은 먹었어요?

① 약　② 펜　③ 꽃　④ 길

2) A：저분이 (　　　　　　)?

B：우리 선생님이세요.

① 있어요　② 돼요　③ 누구세요　④ 드세요

3) A：동생도 안경을 써요?

B：예, 눈이 (　　　　　　).

① 나빠요　② 커요　③ 낮아요　④ 좋아요

4) A：바다에 가고 싶어요.

B：다음 주에 (　　　　　　)?

① 갔어요　② 갈까요　③ 왔어요　④ 보지요

6 次の文の意味を変えずに下線部の単語と置き換えが可能なものを①～④の中から一つ選んでください。 2点×2問

☞ 類義語や類義表現を理解しているかを確認する問題が2問出題される。出題は5級語彙リストの語彙に限られる。

➜ p.180の「韓日単語リスト」(＝「5級語彙リスト」)を参照。

1) 여기에서 공항까지는 안 멉니다.

① 깁니다　② 씁니다　③ 쉽습니다　④ 가깝습니다

2) 언니는 대학에서 배웁니다.

① 대학에서 삽니다　② 선생님입니다

③ 대학에 가고 싶습니다　④ 대학생입니다

7 (　)の中に入れるのに適切なものを①～④の中から一つ選んでください。1点×3問

☞ 用言の活用を理解しているかを確認する問題が3問出題される。出題は規則的な活用だけでなく、「하다活用：좋아하다→좋아합니다、좋아해요」、「ㄹ脱落：알다→압니다、알아요」、「으脱落：기쁘다→기쁩니다、기뻐요」の活用も出題される。出題語彙は5級語彙リスト内のものに限られる。➜付録の「韓日単語リスト」、16課文法2「ㄹ脱落」、17課文法1「해요形の作り方」、21課文法1「過去形の作り方」、24課文法3「으脱落」を参照。

1) 집에서 빵을 (　　　　　　).

① 만들어요　② 만들요　③ 만들습니다　④ 만드니다

2) 동생은 닭고기를 (　　　　　　).

① 싫어하요　② 싫어해요　③ 싫어하습니다　④ 싫어하므니다

3) 어디 (　　　　　　)?

① 아파요　② 아프습니까　③ 아프요　④ 아합니까

8 (　)の中に入れるのに適切なものを①～④の中から一つ選んでください。1点×3問

☞ 助詞の問題が3問出題される。出題は5級助詞リスト内のものに限られる。➜付録の「主要助詞リスト」を参照。

1) 우리 밖(　　　　　　) 저녁 먹을까요?

① 만　② 이　③ 에서　④ 과

2) 그 치마는 좀 비싸(　　　　　　).

① 고 싶어요　② 요　③ 가 아닙니다　④ 읍시다

3) 동생(　　　　　　) 생일 선물을 주었어요.

① 에　② 으로　③ 에서　④ 에게

9 次の場面や状況において最も適切なあいさつのことばを①～④から一つ選びなさい。

☞ あいさつや簡単な質問と答えができるかを確認する問題が2問出題される。出題は5級の「あいさつ・よく使う表現」リストのものに限られる。➜p.165の「あいさつ・よく使う表現」を参照。

2点×2問

1) 誰かに感謝の言葉を言われたとき

① 천만에요.　② 알겠습니다.　③ 고맙습니다.　④ 네, 그렇습니다.

2) 上司からの指示を了解したとき

① 알겠습니다.　② 잘 부탁해요.　③ 실례합니다.　④ 여보세요.

10 対話文を完成するのに適切なものを①～④の中から一つ選びなさい。2点×5問

☞ 対話文の空欄補充問題が5問出題される。出題は5級語彙リストの語彙に限られる。

1) A : 우리 어디서 만날까요?

B : (　　　　　　)

A : 알았어요. 11시에 거기서 만나요.

① 도서관에서 만났어요.　　② 회사 앞은 어때요?

③ 밥 먹었어요.　　④ 편지 보냈어요?

2) A : (　　　　　　　　)

B : 돈이 없어요.

① 많이 만들었어요.　　② 왜 안 사세요?

③ 비행기를 보세요.　　④ 배가 아파요?

3) A : 토요일에 무엇을 하세요?

B : (　　　　　　　　)

① 어젯밤 이야기예요?　　② 모릅니다.

③ 우체국에서 일했어요.　　④ 친구하고 영화를 봐요.

4) A : (　　　　　　　　)

B : 네, 누구세요?

① 여보세요.　　② 비싸죠?

③ 화장실이 어디예요?　　④ 옷을 벗어요.

5) A : (　　　　　　　　)

B : 여섯 시요.

① 얼마예요?　　② 어디에서 만나요?

③ 몇 시에 일어났어요?　　④ 무엇을 버렸어요?

11 文章を読んで問いに答えなさい。 2点×2問

☞ 文章の内容一致問題と空所補充問題の組み合わせで出題される。空所補充問題は主に接続関係を問うものが多い。

　나는 이번 가을에 친구하고 같이 한국에 여행을 갑니다. 한국 여행은 처음입니다. 한국어는 못합니다. (　　) 친구는 한국어를 잘합니다. 한국에서는 불고기와 냉면을 먹고 싶습니다.

【問 1】(　　)に入れるのに適切なものを①～②の中から１つ選びなさい。

① 하지만　　② 언제나　　③ 그러면　　④ 그리고

【問 2】本文の内容と一致するものを①～④の中から１つ選びなさい。

① 友達と秋に旅行に行くのは初めてです。

② 私は韓国で焼肉と冷麺を食べました。

③ 友達と二人で韓国へ旅行に行きます。

④ 私は韓国語があまり上手ではありません。

12 対話文を読んで問いに答えなさい。 2点×2問

☞ 対話文の内容一致問題と指示語、または空所補充問題の組み合わせで出題される。空所補充問題は主に文脈に適した答文を選ぶ形式のものが多い。

지영：일요일에 무엇을 했어요?
민수：친구를 만났어요. 같이 산에서 사진을 찍었어요.
지영：거기까지는 어떻게 갔어요?
민수：버스를 타고 갔어요. 지영 씨는 무엇을 했어요?
지영：나는 영화를 봤어요.

1) 거기が指すものを①～④の中から1つ選びなさい。
① バス停　② 会社　③ 映画館　④ 山

2) 本文の内容と一致するものを①～④の中から1つ選びなさい。
① 二人は一緒に写真を撮りました。
② ミンスはバスで山に行きました。
③ チヨンは週末に友達と会いました。
④ 二人は日曜日に映画を見ました。

❐ ハングル検定5級模擬テスト(筆記編)正答と配点

問題	設問	正答	配点
1	1)	①	1
	2)	①	1
	3)	②	1
2	1)	③	1
	2)	③	1
	3)	④	1
	4)	②	1
3	1)	①	1
	2)	④	1
	3)	③	1
	4)	②	1
	5)	③	1
4	1)	②	2
	2)	①	2
	3)	②	2
	4)	③	2
	5)	④	2
5	1)	①	2
	2)	③	2
	3)	①	2
	4)	②	2

問題	設問	正答	配点
6	1)	④	2
	2)	④	2
7	1)	①	1
	2)	②	1
	3)	①	1
8	1)	③	1
	2)	②	1
	3)	④	1
9	1)	①	1
	2)	①	1
10	1)	②	2
	2)	②	2
	3)	④	2
	4)	①	2
	5)	③	2
11	1)	①	2
	2)	③	2
12	1)	④	2
	2)	②	2
合計	40問		60点

韓日単語リスト（ハングル検定試験5級出題単語リスト）

本テキストの例文の単語はすべてハングル検定試験5級出題範囲の単語を用いています。文型の関係でやむを得ず用いた5級範囲外の単語は「*」印をつけ、区別してあります。この「韓日単語リスト」はハングル検定5級出題の全単語を収録しています。試験対策の単語リストとしても活用してください。

ㄱ

가게	店
가깝다	近い、親しい
가다	行く
가르치다	教える
가방	かばん
가수*	歌手
가슴	胸
가을	秋
가족	家族
가지다	持つ
간호사*	看護師
감기	風邪
감기약	風邪薬
감사하다	感謝するい
값	値段
강	川
강물	川水
강원도*	江原道(地)
같다	同じだ、のようだ
같이	一緒に
개	犬
개	個
거	もの、こと(것の縮約形)
거기	そこ、そこに
건물*	建物
걸리다	かかる
것	もの、こと、~の
겨울	冬
결혼(하)	結婚
경주*	慶州(地名)
계시다	いらっしゃる
계절*	季節
고기	肉、魚
고등학교	高校
고등학생	高校生
고맙다	ありがたい
고양이	猫
고추	唐辛子
고프다	(お腹)空く
고향*	故郷
곧	すぐに、まもなく
공	0(ゼロ)
공부	勉強
공부하다	勉強する
공항	空港
과/와	と
과일	果物
괜찮다	大丈夫だ
교과서	教科書
교실	教室
구	9
구두	靴、革靴
구름	雲
구월	9月
국	スープ、汁
권	冊
귀	耳
그	その
그거	それ
그건	それは
그것	それ그거
그래서*	それで
그러면	それなら
그런데	ところで,だけど
그럼	では、それなら
그렇게*	そんなに
그렇습니다	そうです
그리고	そして
그림*	絵
그분	その方
극장*	映画館、劇場
근처*	近く
글	文、文章
금요일	金曜日
기다리다	待つ
기분	気分
기쁘다*	うれしい
기차	汽車、列車
길	道
길다	長い
김치	キムチ
꽃	花
끝	終わり、端、先
끝나다	終わる

ㄴ

나	僕、私
나가다	出る、出て行く
나다	出る、生じる
나라	国
나무	木
나쁘다	悪い
나오다	出てくる
나이	歳、年齢
날씨	天気、天候
남동생	弟
남자	男、男性
남자아이	男の子
남편	夫
남학생	男子学生
낮	昼
낮다	低い
내	私の
내	僕の、私の
내가	僕が、 私が
내년	来年
내다	出す
내리다	おりる、降る
내일	明日
냉면	冷麺
냉면집*	冷麺屋
너무	とても、あまりにも
넣다	入れる
네	はい
네	四つの
넷	四つ、四人
년	年
노래(하)	歌
노트	ノート
놀다	遊ぶ
높다	高い
놓다	置く
누가	誰が
누구	誰
누나	姉(弟から見た)
눈	雪
눈	目
눈사람	雪だるま
뉴스	ニュース
늦다	遅い

ㄷ

다	全て、全部、皆
다니다	通う
다리	脚、足
다섯	五つ、五つの
다섯 명	五人
다시	再び
다음	次、次の
다음달	来月、翌月
다음주	来週、翌週

단어	単語
닫다	閉める
달	月,月(つき)、か月
닭	ニワトリ
대*	対
대개*	たいてい
대학	大学,学部
대학교	大学、総合大学
대학생	大学生
더	もっと、さらに
덥다	暑い
도	も
도서관	図書館
도쿄*	東京
돈	お金
동생	弟、妹
돼지	豚
되다*	なる
두	二つの
두 시간	二時間
둘	二つ
뒤①	後ろ、後
드라마	ドラマ
드리다*	差し上げる
드시다*	召し上がる
딸	娘
또	また、さらに
를/을	を

ㅁ

마리	匹、頭、羽、尾
마시다	飲む
마음	心
만	だけ、ばかり
만	万
만나다	会う、出会う
만들다	作る
만들다	作る
많다	多い、 たくさんある
많이	多く、たくさん
말	言葉、話、言語
말하다	言う、話す
맛	味
맛없다	まずい
맛있다	おいしい
맞아요	そうです
매일	毎日
맥주*	ビール
맵다*	辛い
머리	頭,髪
먹다	食べる
먼저	先に、まず
멀다	遠い
메일	メール
며칠	何日
명	人、名
명동*	明洞(地名)
몇	いくつの、何~
몇 분	何分
몇 살	何歳
몇 시	何時
몇 월	何月
모두	すべて、みな,全部で
모레	あさって
모르다	知らない,分からない
목요일	木曜日
목욕을 하다*	風呂に入る
몸	体
못	できない、ない
못하다	できない
무슨	何の、何か(の)
무슨 요일	何曜日
무엇	何
무엇	何、何か)
문	ドア、門、扉
문	ドア、門、扉
문제(되)	問題
물	水
물	水
뭐*	何(무엇の縮約)
뭘*	무엇을の縮約
미안하다	すまない
미역국*	わかめスープ
민요*	民謡
밑	下、底

ㅂ

바다	海
바쁘다*	忙しい
바지	ズボン
밖	外
반	半分、半
반갑다	懐かしい、嬉しい
받다	受ける、もらう
발	足
밤	夜
밥	飯、ご飯
방	部屋
배	腹、おなか
배우*	俳優
배우다	学ぶ、習う
백	百
버스	バス
번	番、回、度
번째	番目、度目
번호*	番号
벌써	もう、すでに
벗다	脱ぐ
별로*	さほど、あまり
병	病気
병*	瓶(本)
병원	病院
보내다	送る、届ける
보다	より(比較)
보다	見る
볼펜	ボールペン
봄	春
부모님*	両親、親
부산*	釜山(地名)
부탁(하)	依頼、お願い
분	分
분	方(かた)、名様
불	火、明かり
불고기	プルゴキ、焼肉
비	雨
비	雨
비디오	ビデオ
비빔밥	ビビンバ
비싸다	高い(値段)
비행기	飛行機
빨래*	洗濯
빨리	はやく、 急いで
빵	パン
빵집	パン屋

ㅅ

사	4
사과	リンゴ
사다	買う
사랑(하)	愛、恋
사월	4月
사전*	辞書
사진	写真
산	山
살	歳
살다	住む、暮らす
삼	3
삼백	三百
삼월	3月
상봉역*	サンボン駅
새	鳥
생각	考え、思い
생각되다	考えられる
생각하다	考える、思う
생선	魚(食物としての)
생일	誕生日
서울*	ソウル
서울역*	ソウル駅
선물(하)	プレゼント、お土産
선생님	先生
설탕	砂糖
세	三つの
세우다	立てる、止める (車)
셋	三つ
소	牛
소금	塩

소리	声、音
속	内、中
속옷	下着、肌着
손	手
손님	お客さん
손발	手足
쇠고기	牛肉
수업(하)	授業
수요일	水曜日
수원*	水原(地名)
숙제(하)	宿題
술	酒
숫자	数字
쉬다*	休む
쉽다	容易だ、易しい
스마트폰*	スマホ
스무	20、20の
스물	20
스포츠	スポーツ
슬프다*	悲しい
시	時(じ)
시간	時間
시계	時計
시디	CD
시월	10月
시작되다	始まる
시작하다	始める
시장	市場
시키다	させる,注文する
시험(하)	試験、テスト
식당	食堂
식사(하)	食事
신다	履く
신문	新聞
신발	履き物、靴
신촌*	新村(地)
실례(하)	失礼
싫다	いやだ、嫌いだ
싫어하다	嫌う、いやがる
십	10
십이월	12月
십일월	11月
싸다	安い
쓰다	書く
쓰다	かぶる、かける
쓰다	使う
씨	さん、氏

ㅇ

아내	妻、家内
아뇨	いいえ
아니다	違う,~ではない
아니요	いいえ
아들	息子
아래	下、下部
아르바이트*	アルバイト
아버지	父、お父さん
아이	子供
아저씨	おじさん
아주	とても、非常に
아주머니	おばさん
아침	朝、朝食
아파트	マンション
아프다	痛い、(体の)具合が悪い
아홉	九つ、九つの
안	中、内
안	ない〈否定〉
안경	眼鏡
안녕하다	元気だ、無事だ
안되다	だめだ、うまく行かない
안약	目薬
앉다	座る
알다	知る、分かる
앞	前
애	子供
야구	野球
약	薬
양말	靴下
얘기	話、物語
어느	どの、ある
어느 것	どれ
어디	どこ(に)
어때요?	どうですか
어떤	どんな
어떻게	どのように
어떻다*	どうだ
어렵다	難しい
어머니	母、お母さん
어제	昨日
어젯밤	昨晩
언니	姉(妹から見た)
언제	いつ
언제나	いつも
얼굴	顔
얼마	いくら(値段)
얼마나*	どのくらい
없다	ない、いない
에게	に(人)
에서	で、から
엔	円
여기	ここ、ここに
여기 있어요*	どうぞ
여기요*	すみません
여덟	八つ、八つの
여동생	妹
여름	夏
여섯	六つ、六つの
여자	女、女性
여행	旅行
역	駅
연세*	お歳
연필	鉛筆
열	10、10の
열다	開く、開ける
영어	英語
영화	映画
옆	隣、側、横
옆집	隣家
예쁘다*	きれいだ
오	5
오늘	今日
오다	来る、(雨が)降る
오빠	兄(妹から見ての)
오사카*	大阪
오월	5月
오전	午前
오후	午後
올해	今年
옷	服
왜	なぜ、どうして
외국	外国
외국어	外国語
요리(하)	料理
요일	曜日
우리	私たち、私の、うちの
우리나라	わが国
우산	傘
우유	牛乳
우체국	郵便局
우표	切手
운동(하)	運動
울다	泣く
웃다	笑う
원	ウォン
원주*	原州(地)
월요일	月曜日
위	上、上の方、上部
유월	6月
육	6
은행	銀行
음식	食べ物、料理
음식물	食べ物
음식점	飲食店
음악	音楽
의사	医者、医師
의자	いす
이	2
이	この
이것	これ
이다	だ、である
이름	名前、氏名
이번	今回
이번주	今週
이분	この方
이야기	話、物語
이야기하다	話す、語る
이월	2月

인천	仁川(地名)
일	1
일	仕事、用事
일	日(にち)
일곱	七つ、七つの
일본	日本
일본 사람	日本人
일본말	日本語
일본어	日本語
일어나다	起きる、生じる
일요일	日曜日
일월	1月
일주일	一週間
일하다	働く、仕事をする
읽다	読む
입	口
입다	着る
있다	ある、いる
잊다	忘れる

ㅈ

자기	自己、自分
자다	寝る、眠る
자리	席、座席
자주*	よく、度々
작년	昨年、去年
작다	小さい、低い(背)
잘	うまく、よく
잘되다	うまくいく
잘하다	上手だ、うまくやる
장	枚
저	私
저	私、自分
저	あの
저것	あれ
저기	あそこ
저녁	夕方、夕食
저분	あの方、その方
저희	私ども,私どもの
전철	電車
전화(하)	電話
점심*	お昼、昼食
정말	本当、本当に
제	私の
제	第
제가	わたくしが
제일	一番、最も
제주도*	済州島(地名)
조금	少し、ちょっと
조선	朝鮮
조선말	朝鮮語
조선사람	朝鮮人
조선어	朝鮮語
좀	少し、ちょっと
종이	紙
좋다	良い、好きだ
좋아하다	好む、好きだ、喜ぶ
죄송하다	申し訳ない
주	週
주다	あげる、やる、くれる
주말	週末
주세요	ください
주소*	住所
주스	ジユース
주일	週間
지금	今、ただ今
지나다	過ぎる、通る
지난달	先月
지난주	先週
지하철	地下鉄
집	家、家庭、店
짜장면*	ジャージャー麺
짧다	短い、足りない
째	番目、目
쪽	方(ほう)、側
쯤	くらい、ころ
찍다	撮る

ㅊ

차	車、自動車
차	お茶
차다	冷たい
찾다	探す、おろす、訪ねる
책	本、書物
책상	机、デスク
처음	最初、初めて
천	千
천천히	ゆっくり(と)
초등학교	小学校
축구	サッカ
축하(하)	祝賀、祝い
춘천*	春川
춥다	寒い
취미	趣味
층	階
치마	チマ、 スカート
친구	友だち
친구	友達
칠	7
칠월	7月

ㅋ

카메라*	カメラ
커피	コーヒー
컴퓨터	コンピュータ
케이크	ケーキ
코	鼻
크다	大きい、(背が)高い
키	身長、背

ㅌ

타다	乗る
택시	タクシー
텔레비전	テレビ
토요일	土曜日
티브이	テレビ

ㅍ

팔	腕
팔	8
팔다	売る
팔월	8月
펜	ペン
편의점*	コンビニ
편지(하)	手紙
표	切符、チケット

ㅎ

하고	と
하나	一つ
하다	する、と言う
하지만	しかし、けれども
학교	学校
학년*	学年、年生
학생	学生、生徒、児童
한	一つの、いち
한국	韓国
한국 사람	韓国人
한국말	韓国語
한국어	韓国語
한글	ハンクル
한테	(人)に
할머니	おばあさん
할아버지	おじいさん
핸드폰	携帯電話
허리	腰
형	兄(弟から見て)
호텔	ホテル
혼자*	一人で
화요일	火曜日
화장실	トイレ
회사	会社
회사원*	会社員
휴가*	休暇
휴대폰	携帯電話

日韓単語リスト

あ

会う	만나다
秋	가을
朝	아침
明後日	모레
明日	내일
遊ぶ	놀다
頭	머리
暑い	덥다
兄(妹から見ての)	오빠
兄(弟から見て)	형
姉(妹から見ての)	언니
姉(弟から見て)	누나
あの方	저분
雨	비
ある、いる	있다
いいえ	아니요
家	집
いくら	얼마
行く	가다
医者	의사
いす	의자
忙しい	바쁘다*
痛い	아프다
いつ	언제
いっしょに	같이
いつも	언제나
いない	없다
犬	개
今	지금
妹	여동생
いる	있다
上	위
海	바다
うれしい	반갑다, 기쁘다*
運動	운동
映画館、劇場	극장*
映画	영화
英語	영어
駅	역
鉛筆	연필
絵	그림*
美味しい	맛있다
大きい	크다
お母さん	어머니
お客さん	손님
送る	보내다
教える	가르치다
お父さん	아버지
弟	남동생
お腹	배
おばあさん	할머니
お昼、昼食	점심*
おめでとう	축하합니다
両親、親	부모님*
終わる	끝나다
音楽	음악

か

会社員	회사원*
会社	회사
買う	사다
かかる	걸리다
学生	학생
学年、年生	학년
書く	쓰다
歌手	가수
家族	가족
学校	학교
悲しい	슬프다*
かばん	가방
髪	머리
紙	종이
火曜日	화요일
通う	다니다
辛い	맵다*
韓国語	한국어
韓国人	한국 사람
韓国	한국
看護師	간호사*
木	나무
季節	계절*
昨日	어제
休暇	휴가*
牛肉	쇠고기
牛乳	우유
教科書	교과서
教室	교실
今日	오늘
金曜日	금요일
銀行	은행
空港	공항
果物	과일
くつ	구두
靴下	양말
くらい、ころ	쯤
来る	오다
くれる	주다
ケーキ	케이크
月曜日	월요일
高校生	고등학생
コーヒー	커피
故郷	고향*
午後	오후
午前	오전
子供	아이
この方	이분
好む	좋아하다
ご飯	밥
今週	이번주
コンビニ	편의점*

さ

昨夜	어젯밤
酒	술
差し上げる	드리다*
冊	권
砂糖	설탕
さん	씨
塩	소금
しかし、けれども	하지만
時間	시간
試験	시험
仕事	일
辞書	사전*
閉める	닫다
ジャージャー麺	짜장면*
写真	사진
住所	주소*
週末	주말
授業	수업
趣味	취미
食事	식사
知らない	모르다
身長、背	키
水曜日	수요일
スカート	치마
好きだ	좋아하다
空く(腹)	고프다
少し、ちょっと	조금, 좀
すべて、全部	다
ズボン	바지
すまない	미안하다
すみません	여기요*
住む	살다
する	하다
座る	앉다
先生	선생님
洗濯	빨래*
全部で	모두
身長、背	키
そして	그리고
外	밖
その方	그분
それで	그래서*
そんなに	그렇게*

た

大学生	대학생
大丈夫だ	괜찮다
高い(背)	크다
高い	높다
高い(値段)	비싸다
たくさん	많이
建物	건물*
度々	자주*
食べ物、料理	음식
食べる	먹다
誰が	누가
誰	누구
誕生日	생일
小さい	작다
近く	근처*
地下鉄	지하철
父	아버지
昼食	점심*
注文する	시키다
朝食	아침
ちょっと	조금, 좀
机	책상
作る	만들다
手紙	편지
で	에서
では	그럼
テレビ	텔레비전
天気	날씨
電車	전철
電話	전화
と	과/와, 하고
ドア、門、扉	문
トイレ	화장실
どうだ	어떻다*
遠い	멀다
時計	시계
歳、年齢	나이
図書館	도서관
とても	아주
隣、側、横	옆
どのくらい	얼마나*
どのように	어떻게
友だち	친구
土曜日	토요일
ドラマ	드라마
撮る	찍다

な

ない	안
ない、いない	없다
中	안
夏	여름
何曜日	무슨 요일
何を	뭘*
何	무엇, 뭐*
名前	이름
なる	되다*
何月	몇 월
何歳	몇 살
何時	몇 시
何日	며칠
何の、どんな	무슨
何分	몇 분
に(人)	에게, 한테
日曜日	일요일
日本語	일본어
日本人	일본 사람
猫	고양이
寝る	자다
ノート	노트
飲む	마시다
乗る	타다

は

はい	네
俳優	배우*
初めて	처음
バス	버스
パソコン	컴퓨터
働く	일하다
話	이야기
花	꽃
母	어머니
早く	빨리
腹	배
番号	번호*
パン	빵
パン屋	빵집
半	반*
ビール	맥주*
低い(背)	작다
飛行機	비행기
一人で	혼자*
人	사람
ビビンバ	비빔밥
病院	병원
開かれる	열리다
昼	낮
服	옷
降る	오다
プレゼント	선물
風呂に入る	목욕을 하다*
勉強	공부
勉強する	공부하다
ボールペン	볼펜
ホテル	호텔
本当、本当に	정말
本	책

ま

毎日	매일
前	앞
待つ	기다리다
学ぶ、習う	배우다
短い	짧다
水	물
店	가게
みな、全部で	모두
見る	보다
民謡	민요*
難しい	어렵다
息子	아들
メール	메일
眼鏡	안경
召し上がる	드시다*
も	도
木曜日	목요일
もっと	더
もの、こと	것
もらう	받다
門	문
問題	문제

や

焼肉	불고기
野球	야구
易しい	쉽다
休む	쉬다*
山	산
夕食	저녁
夕方	저녁
郵便局	우체국
雪だるま	눈사람
雪	눈
良い	좋다
読む	읽다
夜	밤
喜ぶ	좋아하다
来週	다음주

ら

リンゴ	사과
両親、親	부모님*
料理	요리
旅行	여행
冷麺	냉면

わ

わかめスープ	미역국*
私の	내, 제, 우리
私	저, 나
を	를/을

文法項目索引

李昌圭
武蔵野大学名誉教授

やさしく仕組みがわかる
韓国語初級講義ノート 第2版

2014年 1月 30日 初版発行
2024年 1月 30日 第2版第1刷発行

著 者 李 昌 圭
発行者 佐藤和幸
発行所 株式会社 白 帝 社
〒171-0014 東京都豊島区池袋 2-65-1
電話 03-3986-3271 FAX 03-3986-3272
https://www.hakuteisha.co.jp
組版 世正企劃
印刷 平文社 製本 ティーケー出版印刷

表紙デザイン トミタ制作室
本文イラスト 劉隆年

Printed in Japan〈検印省略〉 ISBN978-4-86398-572-8
＊定価は表紙に表示してあります。